KB186848

인간의 우주적 초라함과 삶의 부조리에 대하여

삶의 의미, 부조리, 반대신론anti-theism의 철학

이 책을 저의 노모 오영저 님께 바칩니다.

인간의 우주적 초라함과 삶의 부조리에 대하여

D
B
U
I
Y
R
A
T
S

삶의 의미, 부조리, 반대신론anti-theism의 철학

| **일러두기** |

이 책의 일부 내용은 2019년 학술지 《철학적 분석》에 발표된 저자의 논문 〈인간의 우주적 초라함과 부조리의 철학: 카뮈와 네이글에 대한 독법〉을 수정·보완한 것이며, 주석 표기법 또한 해당 논문을 따랐다.

CONTENTS

머리말

대답할 수 없는 질문들, 포기할 수 없는 목적들

사람들은 참 희한하다. 하루하루 삶에 온 정성을 다해 매진하지만 그럼에도 끊임없이 삶이 덧없다고, 무의미하다고 중얼거린다. 그렇게 중얼거리면서도 삶에 대한 지극한 몰입과 집중을 멈추지 못하는 것이다. 사람들은 잘 알고 있다. 혼신의 노력을 다해 삶에 임하고 있는 자신들도 언젠가 인생의 종착지가 다가오는 것을 느낄 땐 자신의 삶을 뒤돌아보며 삶의 무상함을 한탄할 것이라는 것을. 이 책은 이와 같은 일견 모순적인 인간 조건에 대한 탐구이다.

플라톤(2013, 67e)의 《파이돈Phaedo》에는 죽음 직전의 소크라테스가 철학을 '죽음을 훈련하는 학문'으로 규정하는 장면이 나온다. 소크라테스는 인간의 죽음을 육체와 영혼이 서로 분리되는 과정으로 이해하며, 영원과 진리를 성찰하는 철학자에게 죽음은 결코 두려워하거나 슬퍼할 일이 아니라고 역설한다. 오히려 그것은 육체가 만들어 내는 모든 탐욕과 편견으로부터 영혼이 온전히 자유로워지는 계기일 뿐이다. 죽음을 통하여 영혼은 정화되고, 그 결과 철학자는 온 생을 바쳐 추구하던 지혜을 마침내 마주하게 된다. 이런 이유로 소크라테스는 철학자가 죽음을 두려워하는 것처럼 어리석은 것은 없다고 일침을 놓는다.

나는 가끔 자문한다. "죽음이 두려운가?" 잘 모르겠다는 것이 나의 솔직한 대답이다. 내가 죽음을 두려워해야 할지 말지를 판단하기에는 내가 죽음에 대해서 아는 것이 너무 없기 때문이다. 언젠가 나에게 죽음이 찾아온다는 것도 실감나지 않는다는 것이 솔직한 심경이다.[1] 그럼에도 나는 죽음에 대하여 소크라테스처럼 낙천적인 태도를 취하지는 못할 것 같다. 죽음이 내가 지금까지 간직하던 그 모든 기억과 경험이 영원히 소실되는 순간이라는 것이, 외부 세계를 향하는 창과 같았던 나의 주관적 일인칭적 관점이 영원히 자취를 감추는 순간이라는 것이, 나의 탄생 이래로 내가 지금까지 온 정성을 기울여 구현하던 하나의 서사가 마침내 종결되는 순간이라는 것이 나

1 최근 미국의 철학자 제임스 베일리(James Baillie 2013; 출간예정)는 죽음에 대한 흥미로운 인식론적 관찰을 제시하는데, 그에 따르면 일상을 살아가는 우리는 많은 경우 우리 자신의 죽음에 대해서조차 타인의 시선을 유지한다. 어느 정도 심리적 거리를 유지한 타인의 시선으로 우리 자신의 죽음을 바라본다는 것이다. 그런 이유로 우리는 우리 자신이 죽는다는 것을 너무도 잘 알고 있다고 생각하고 또 타인에게 우리 자신의 죽음에 대하여 서슴없이 말하지만, 그럼에도 그러한 생각과 말들은 **립서비스**에 가깝다고 베일리는 꼬집는다. 그러면서 베일리는 우리 일상에 깊이 뿌리박힌 사고 패턴, 모든 존재의 중심에 우리 자신을 자리매김하는 우리의 사고 패턴으로 인하여 어떤 '실존적 충격(existential shock)'을 경험하기 이전까지 우리는 우리 자신의 사멸성(mortality)에 대하여 진정한 앎을 획득하지 못한다고 논증한다.

를 우울하게 만들기 때문이다. 소크라테스와 달리 나는 쉽게 죽음을 받아들일 수는 없을 것 같다.

우리의 삶이 늘 행복과 성공으로 채워진다면 아마도 죽음을 절박하게 생각할 이유는 없을 것이다. 그러나 인생이 힘들게 느껴지고 급기야는 삶이 너무 버겁다는 생각이 들 때가 있는 것이 인지상정이다. 그때 나는 다른 누구도 아닌 바로 나 자신의 죽음에 대하여 절박하게 생각하기 시작한다. 내가 왜 이 힘겨운 삶을 살아가야 하는가라는 의문이 자연스럽게 든다는 것이다. 도대체 무엇을 위하여 나의 삶이 존재하는가? 이 모든 슬픔과 고통에도 불구하고 나의 살아있음을 정당화하는 것이 대체 무엇이란 말인가? 나는 나의 의지와 무관하게 어떤 우연적인 사건을 계기로 탄생하였을 뿐이고 단지 죽음에 대한 두려움 때문에 생을 지속하는 것은 아닐까? 의문이 꼬리에 꼬리를 물지만 답은 좀처럼 내게 다가오지 않는다.

이 책의 목적은 이러한 질문들의 본성을 파악함으로써 우리가 처한 인간 조건의 한 중요한 측면을 탐구하는 것이다. 그 탐구의 결과, 인생은 도대체 정당화될 수 없는 의문 가득한 여정이라는 것이, 인생의 의미에 대한 질문은 결코 대답될 수 없는 질문이라는 것이, 인생의 목적은 그 무수한 의문과 불가해성에도 불구하고 결코 포기할 수 없는 목적이라는 것이 드러날 것이다. 위험천만한 산행을 나서는 산악인은 산을 향하는 자신의 발걸음에 대하여 아무런 정당화도 제시하지 않는다. "왜 산을 오르느냐?"는 질문은 어쩌면 그에게 도대체 대답될 수 없는 질문일지도 모른다. 그러나 그 모든 의문과 회의에도 불구하고 그에게 산을 오르는 것은 결코 포기할 수 없는 목적인 것이 분명하다. 설사 산에서 죽음을 맞이한다 하더라도 말이다. 인생도 마찬가지 이치이다.

도무지 정당화될 수 없다는 것을 너무나 잘 알면서도, 궁극적으로 철저한 소멸의 시간이 찾아온다는 것을 너무나 잘 알면서도, 그렇게 삶이 형언할 수 없는 공허함과 불가해성으로 가득 차 있다는 것을 너무나 잘 알면서도 삶에 대한 지극한 열정과 몰입을 조금도 거둘 수 없는 인간의 모습은 한 편의 코미디와 같다. 삶에 대한 지극한 진지함과 몰입, 그리고 그에 대한 정당화와 이유의 부재 사이에 간극이 너무나 크기 때문이다. 두 명의 걸출한 철학자, 알베르 카뮈Albert Camus와 토머스 네이글Thomas Nagel은 이러한 인간 조건을 부조리absurdity라는 관념을 통하여 포착하려 시도하였다. 이에 이 책의 상당 부분은 부조리에 관한 그들의 견해에 대한 탐색으로 채워질 것이다.

카뮈와 네이글은 부조리에 대한 서로 다른 정의를 제시하면서, 동시에 부조리에 대한 서로 다른 처방을 조언하였다. 카뮈는 부조리에 대하여 우리의 숙명을 경멸하는 영웅주의적 반항인의 모습으로 응대하라고 조언하는 반면, 네이글은 부조리는 우리가 절망하거나 통탄할 인간 조건이 아니라고 강조하며 부조리에 대하여 아이러니를 머금은 미소로 응대하면 충분하다고 조언한다. 나는 이 책에서 두 철학자가 어떤 맥락에서 부조리에 대한 각자의 처방을 조언하게 되었는지, 그 둘의 처방 중 무엇이 선호되어야 하는지를 상세히 검토할 것이다.

마지막으로 나는 상당수의 종교인들과 신학자들이 주창하는 삶의 의미에 대한 종교 이론이 헛된 구호에 지나지 않음을 논증할 것이다. 핵심 질문은 과연 초자연적 신이 우리의 삶에 신성한 목적과 소명을 부여하고 그를 통하여 우리가 성스러운 의미와 명증한 정당성으로 충만한 인생을 구현하는 것이 가능한지 여부이다. 이에 대하여 나는 신은 그러한 인생의 목적과 소명을 부여할 수 있는 종류의 존재가 아니라는 것을, 설사 신이 인생의 목적과 소명을 부여하는 것이 가능하다 하더라도 그것이 반길 만한 일이 아니라는 것을 논증할 것이다. 그와 함께, 나는 신이 존재하는 세계보다 신이 존재하지 않는 세계를 더 선호할 근거를 제시할 것이다. 그리하여 내가 도달할 결론은 다음과 같다. 인간의 부조리를 해결하기 위하여 우리에게 창조주인 신은 필요치 않을 뿐만 아니라 세상에 그러한 신이 존재하지 않기를 진정으로 소망해야 할, 주위의 지인들이 그러한 창조주의 존재를 믿는다는 사실을 우려해야 할, 서울의 야경을 수놓은 무수한 붉은색 십자가를 걱정스런 눈빛으로 바라봐야 할 합당한 이유가 존재한다. 이러한 입장을 나는 '반대신론anti- theism'이라 명명할 것이다.

머리말을 마치기 전에 한마디만 더 하자. 요즘 들어 영원과 진리를 추구하는 철학자의 영혼조차도 어쩔 수 없이 육체의 조건으로부터 자유로울 수 없다는 것을 절감한다. 육신이 병들고 늙어가니 자꾸 자신을 되돌아보게 된다. 대답될 수 없는 질문인 줄 잘 알지만 그럼에도 왜 이 고통을 견디며 살아가야 하는가라는 질문이 머리를 떠나지 않는다. 그렇기에 어떤 의미에서 이 책은 나 자신의 삶에 대한 절절한 고뇌와 성찰의 기록이다. 이 기록이 인생에 대한 일말의 진리와 통찰을 담고 있기를 바라며 머리말을 맺는다.

인간의 우주적 초라함

인간의 우주적 초라함

흔히 사람들은 인생이 덧없다고, 무상하다고, 결국에는 공수래공수거라고 말한다. "내가 오늘 하루를 더 살아간들 세상에 달라지는 것이 뭐가 있나? 어차피 저 멀고 먼 우주의 관점에서 보면 나는 무한히 뻗은 어둠 속 오직 찰나에만 존재하는 반딧불과 같은 미물이거늘." 이런 읊조림은 반드시 염세주의 철학자의 목소리일 필요가 없다.[1] 한때 세상을 호령하던 권력도, 명예도, 부귀도, 영화도, 꽃다운 청춘도 세월 속에서 모두 흔적도 없이 사라지기 마련이다.[2] 우리는 잘 안다. 언젠가 우리도 나이가 들 것이고, 병에 신음할 것이며, 그러다가 세상을 등질 것이라는 것을. 우리가 사랑하는 이들도, 그리고 우리를 사랑해 주는 이들도 모두 그렇게 사라지고 말 것이다. 한동안 우리를 추억하는 이들이 있을 수도, 운이 좋다면 우리의 삶에 대한 기록이 남을 수도 있다. 그러나 그런 것도 시간의 풍화를 끝내 견디지 못한다. 세상에 영원한 것은 없다. 우리네 인생이

1 물론 철학자들의 목소리도 들린다. 카뮈(1975, p. 78)는 "시리우스의 관점에서 괴테의 저작조차도 수만 년이 흐른 뒤 먼지 조각이 될 것이고 그의 이름은 잊힐 것이다. 아마도 몇몇 고고학자들이 우리 시대에 대한 '증거'를 찾아 나설 것이다"라고 말한다.

2 '제행무상(諸行無常) 시생멸법(是生滅法)'이라는 불교의 법문은 우리 삶의 이러한 덧없음과 유한성을 말하고 있다. 부조리에 대한 불교철학적 대응에 대해서는 8장을 참고하라.

한없이 초라해지는 순간이다.

그러나 우리의 초라함은 여기서 끝나지 않는다. 우주적 관점에서 인간은 광활한 우주의 변방 한구석 지구라는 작은 행성에 서식하는 생물종일 뿐이다.[3] 영화《인터스텔라Interstellar》의 명장면은 지구인들의 우주선 인듀어런스Endurance호가 '가겐추어Gargantua'라 불리는 블랙홀의 중력을 힘겹게 빠져나오는 장면일 것이다. 가겐추어의 중력장 속에서 금방이라도 산산이 부서져 버릴 것 같은 인듀어런스호의 위태로움은 광대한 우주의 한구석에 보잘것없이 존재하는, 언제 소멸할지 모를 인류의 위태로움을 상징한다. 가겐추어의 압도적 장대함은 우주적 장관을 이루며, 인간과 그 인간의 창조물의 왜소함과 극명한 대조를 이룬다. 블랙홀의 이름을 무지막지하게 크다는 뜻의 형용사 'Gargantuan'에서 따왔다는 것은 의미심장하다. 아마도 크리스토퍼 놀란Christopher Nolan 감독은 그 장면을 통하여 드넓은 우주의 장대함 속에서 인간이 얼마나 미미하고 보잘것없는 존재인지를 그리고 싶었을 것이다. 지구의 수천수만 배 크기의 별들, 그 별들을 무시무시한 중력으로 빨아들이는 블랙홀, 무수한 별들과 블랙홀들이 모여서 만들어 내는 은하

3 분석철학자 니콜라스 레셔(Nicholas Rescher 1990, p. 153)는 "천문학적 스케일에서 보자면 우리는 어느 구석진 행성에 서식하는 생물종 이상이 아니다. 이 무한한 우주에서 우리가 하는 어떤 일도 큰 변화를 만들어 내진 못한다"고 말한다.

계, 그들의 우주적 스케일, 우주적 장엄, 우주적 신비 앞에 선 인간의 왜소함은 인간이 초라해지는 또 하나의 계기이다.

이러한 인간의 우주적 초라함은 많은 문필가들이 인간과 우주에 대하여 깊이 사색하고 성찰하는 계기가 되기도 하였다. 《팡세Pensees》에서 블레즈 파스칼(Blaise Pascal 2008, p. 26; p. 73)은 말한다.

> 과거와 미래의 영원 속에 완전히 압도된 내 짧은 생을 생각할 때마다 나는 두려움을 느낀다. 내가 모르고 나를 알지 못하는 공간의 무한한 광대함 속에 둘러싸인 나의 삶이 채우고 있는 이 작은 공간을 생각할 때마다 나는 두려움에 떤다.[1]

> 이 무한한 공간의 끝없는 침묵은 나를 공포에 질리게 만든다.[2]

한편 저명한 영국 소설가 조셉 콘래드(Joseph Conrad 2002, p. 41)는 《기연Chance》에서 주인공 찰스 말로Charles Marlow의 목소리를 빌려 다음과 같이 말한다.

> 이슬에 젖은 청명하고 별이 빛나는 밤은 우리의 기운을 우울하게 만들고 우리의 자긍심에 굴욕을 안겨준다. 그 밤은 우리가 처한 엄혹한 홀로됨에 대한 가장 명증한 증거이자 반짝반짝 빛나지만 영혼이라고는 찾을 수 없는 이 우주에서 우리 지구가 지니는 절망

> 적인 초라함에 대한 가장 명증한 증거이기 때문이다. 나는 저런 하늘이 정말 싫다.[3]

인간의 우주적 초라함을 한탄하며 우주의 침묵에 대한 두려움을 표하던 파스칼도, 그 초라함을 일깨우는 청명한 하늘이 정말 싫다고 말하던 콘래드도 이제 이 세상에 없다. 그들 역시 시간 속으로 영원히 사라지고, 그들과 함께 그들이 느꼈을 그 두려움과 절망감도 모두 사라지고 말았다. 인간의 우주적 초라함에 절망하던 그들은 그들의 삶과 죽음으로 다시금 그 초라함을 증명하였던 것이다.

아마도 근대 과학 이전의 인류에게는 인간의 우주적 초라함이 지금보다는 훨씬 덜했을 듯하다. 적어도 서양에서는 근대 과학이 도래하기 이전까지 인류의 우주적 중요성 cosmic significance 을 지지하는 지성사적 버팀목이 있었기 때문이다. 초월적 신의 형상을 따라 창조된 인간이 만물의 중심인 지구에 자리잡고 있다는 전근대적 세계관은 인류의 우주적 중요성에 대한 든든한 버팀목이었던 것이다. 그러나 코페르니쿠스, 뉴턴, 다윈 등에 의해 성취된 과학의 진보는 이런 전통적인 세계관을 뿌리째 허물어뜨렸다.

잘 알려져 있듯이 코페르니쿠스의 지동설은 우주의 중심이 지구가 아닌 태양임을 천명하며 지구를 우주의 중심에서 변방으로 밀어냈다. 16세기와 17세기에 걸쳐 서양의 지배적 우주관이 천동설에서 지동설로 대체되는 과정은 당시, 그리고 후대의 지식인들에게 단순한 천문학적 발견 이상의 거대한 지적 충격으로 다가왔다. 무엇보다 그것은 아리스토텔레스 물리학과 프톨레마이오스 우주론의 절묘한 결합이 만들어 낸 질서와 조화의 코스모스에 치명적인 균열을 가져왔기 때문이다.

전근대적 세계관에서 코스모스는 신성한 목적과 의미로 충만한 조화와 질서의 공간이었고, 코스모스의 중심엔 그 모든 목적과 의미의 수원지와 같았던 지구가 자리잡고 있었다. 아리스토텔레스의 목적론적 세계관에서 사물의 자연적 운동natural motions은 언제나 어떤 목적지를 향하는데, 그때 코스모스의 중심은 각 사물의 목적지를 결정하는 기준점으로 작용하였다. 지상계terrestrial의 물질을 구성하는 4원소인 물, 불, 공기, 흙 중에서 무거운 원소인 물과 흙은 코스모스의 중심으로 다가가는 것을 목적으로 삼아 운동하는 한편 가벼운 원소인 불과 공기는 코스모스의 중심에서 멀어지는 것을 목적으로 삼아 운동한다고 아리스토텔레스는 보았다. 그런데 프톨레마이오스 우주론에서 **그 코스모스의 중심에는 지구가 자리잡고 있었다.** 그런 이유로 물이나 흙과 같은 무거운 원소에게 자연적 운동은 지구에 가까워지는 낙하 운동이고, 불이나 공기와 같은 가벼운 원소에게 자연적 운동은 지구에서 멀어지는 상승 운동이었다. 이러한 전근대적 세계관에서 지구의 존재를 빼놓고 자연 현상을 설명하고 이해하는 것은 그야말로 어불성설이 아닐 수 없었다. 그렇게 아리스토텔레스의 물리학과 프톨레마이오스의 우주론에서 지구는 코스모스에 존재하는 모든 질서와 조화의 원천에 다름 아니었다. 인류가 그러한 지구에 터잡고 있다는 사실로부터 전근대인들이 느꼈을 자부심이 짐작되고도 남는다.

이러한 전근대인의 자부심에 첫 번째 치명적 굴욕을 안겨준 이가 바로 니콜라우스 코페르니쿠스Nicolaus Copernicus였다. 지구가 사실은 코스모스의 중심이 아니라는, 지구는 그 자체로 아무런 내재적 중요성을 지니지 않는 위치에서 태양 주위를 공전하는 그저 평범한 행성일 뿐이라는 코페르니쿠스의 지동설은 단순히 기존의 천동설에 대항하는 새로운 천문학적 이론이 아니었다. 그것은 이 드넓은 우주에서 우리가 얼마나 중요한 존재인지에 대한 인류학적 메시지를 담고 있었다. 그리고 많은 이들에게 그 메시지는 명확했다. 인류가 우주라는 하나의 드라마에서 주인공이 아닌 **무명의 단역배우**에 불과하다는 것이 지동설의 인류학적 메시지였던 것이다.

그런데 과학의 진보는 거기서 멈추지 않았다. 전근대적 세계관의 한 기둥이었던 프톨레마이오스의 천동설이 코페르니쿠스의 지동설 앞에서 무너져 내렸다면, 또 다른 기둥인 아리스토텔레스의 물리학은 아이작 뉴턴Issac Newton의 물리학 앞에서 무너져 내렸다. 앞서 설명한 바와 같이 아리스토텔레스 물리학에서 모든 자연적 운동의 기준점은 코스모스의 중심, 바로 **지구**였다. 그런데 뉴턴 물리학은 지구의 그러한 지위를, 천상계celestial와 지상계terrestrial에 존재하는 사물들의 운동에 대한 기준점으로서의 지위를 지구로부터 박탈하였다. 사과가 코스모스의 중심인 지구로 다가갈 목적을 본래적으로 지니고 있고 그러한 본래적 목적이 나무에서 떨어지는 사과의 낙하 운동을 설명한다고 보는 아리스토텔레스의 목적론적 물리학은 뉴턴의 관점에선 난센스에 가까웠다. 사과의 낙하 운동은 질량을 갖는 두 물체가 서로를 당기는 만유인력의 작용 이상도 이하도 아니었기 때문이다. 질량을 가진 임의의 두 물체는 서로 가까워지는 방향으로 기계적으로 운동할 뿐이고, 그 운동이 **지구를 향하지 않는 것도** 얼마든지 가능하다. 이는 뉴턴 물리학에서 지구가 만물의 운동을 설명하는 기준점으로서의 지위를 상실한다는 것을 의미한다. 다시 한번 지구의, 그리고 그 위에서 터를 잡은 지구인들의 우주론적 자긍심이 굴욕적으로 훼손되는 순간이었다.

그러나 이것이 끝이 아니었다. 코페르니쿠스와 뉴턴 이후 지구인의 우주론적 자긍심에 또 다른 굴욕을 안겨준 과학적 진보가 등장했으니, 그것이 바로 찰스 다윈Charles Darwin의 진화론이었다. 인류가 코스모스의 중심에서 신의 형상을 따라 창조되었다는 기독교적 창조론은 인간의 자아상에 대하여 전근대인들이 가졌던 자긍심의 또 다른 원천이었다. 그러나 다윈의 진화론은 이러한 자긍심마저 산산히 부숴 놓았다. 이제는 코스모스의 중심에서 쫓겨난 지구, 그 지구 위에 살아가는 인간은 신의 형상을 닮은 피조물이 아니라 원숭이 같은 동물들과 공통된 조상을 갖는, 그저 우연한 자연 선택의 과정을 통해 탄생한 생물종에 지나지 않는다는 것을 다윈은 폭로했던 것이다. 이렇게 코페르니쿠스, 뉴턴, 다윈을 거치면서 인류의 우주적 중요성에 대하여 전근대인이 지녔을 자긍심, 자부심, 자존심은 철저히, 아주 철저히 무너졌다. 이를 철학자 프리드리히 니체(Friedrich Nietzsche 1989, p. 163)는 '근대 과학의 허무주의적nihilistic 귀결'이라고 부르며 "코페르니쿠스 이래로 인간의 운명은 무nothingness를 향한 내리막길을 줄곧 걷고 있다"고 탄식하였다.[4]

4 지그문트 프로이트(Sigmund Freud)가 자신의 심리학적 연구가 이러한 내리막길의 대미를 장식한다고 여겼다는 사실은 흥미롭다. 1916년 정신분석학 입문 강의에서 프로이트는 코페르니쿠스의 지동설과 다윈의 진화론을 과학의 진보가 인간의 과대망상증(megalomania)에 심대한 굴욕을 안겨준 두 번의 계기로 꼽으면서, 자신의 정신분석학이 인간의 과대망상증에 세 번째 굴욕을 안겨준다고 말한다. 자신의 연구가 인간이 외부의 물질 세계에서 주인공이 아닐 뿐만 아니라 "자기 내부의 정신 세계에서마저 온전한 주인이 아니라는 것(The ego is not master in its own house)"을 보여주었다는 것이다(Freud 1917, p. 143). 왜냐하면 정신분석학에서의 자아는 많은 부분 자신이 통제하지 못하는 충동에 의해 지배받는 존재이기 때문이다. 실제로 인류의 사상사 속에서 코페르니쿠스, 다윈, 프로이트를 연구한 프리델 와이너트(Friedel Weinert 2009, pp. 186-187) 영국 브래포드대학교 교수는 코페르니쿠스의 발견이 갖는 인류학적 교훈을 '중심성의 상실(the loss of centrality)'로, 다윈의 발견이 갖는 인류학적 교훈을 '합리적 창조의 상실(the loss of rational design)'로, 그리고 프로이트의 연구가 갖는 인류학적 교훈을 '투명성의 상실(the loss of transparency)'로 명명한다. - 프로이트의 심리학에선 개인의 욕구와 동기가 자아에게 **투명하게 인식되지 않는다는** 점에 착안하여 이러한 이름을 도입하였다.

인류는 아주 오랜 기간 자신의 우주적 중요성에 대하여 깊은 자기기만self-deception에 빠져있었다. 인간이 신의 형상에 따라 창조되었다는, 자신들이 우주의 중심에 자리잡고 있다는, 만물이 자신들을 중심으로 운행한다는 미몽은 전근대인들이 스스로에 대하여 지녔던 자긍심의 근저를 이루는 신념이었다. 그러나 과학의 진보는 인류가 그러한 미몽에 안주하는 것을 허용하지 않았다. 근대 과학은 그 미몽을 철저히 무너뜨렸고, 우리에게 기존과는 판이하게 다른 세계상을 안겨주었다. 근대 과학이 안겨준 세계상에서 우주는 신성한 목적과 의미로 충만한 조화와 질서의 코스모스가 아니었다. 우주는 아무런 목적도 의미도 없이 그저 기계론적 자연법칙을 따라 운동하는 물질들로 듬성듬성 채워진 **어둡고 차가운 무한 공간**일 뿐이었다. 저명한 과학사학자인 알렉상드르 쿠아레Alexandre Koyre의 명저《닫힌 세계에서 무한한 우주로From the Closed World to the Infinite Universe》는 바로 근대 과학이 초래한 이러한 세계관의 변화를 사상사적으로 포착하려는 시도라 할 수 있다.

근대 과학이 그리는 세계상 속에서 새롭게 등장한 인간은 의미라고는 찾아볼 수 없는 우주의 어느 외진 구석에서 찰나만큼 존재하다 영원히 사라지는 한없이 초라한 미물에 불과했다. 이제는 더이상 인간의 우주적 초라함을 거짓된 망상이나 자기기만으로 숨기거나 감출 수 없게 된 것이다. 여기서 나는 이 우주적 사소함, 초라함, 왜소함이 갖는 인간학적인 함의가 무엇인지 자문한다. 그것이 진정 **우리의 삶을 한없이 덧없고 무의미하게 만드는가?** 이 어둡고 차가운 무한우주에서 잠시 존재하다 영원히 사라지는 우리의 짧은 생은, 그 왜소함으로 인해, 그 사소함으로 인해, 그 초라함으로 인해, 진정 덧없고 무의미하냐는 질문이다. 러시아의 문호 레오 톨스토이(Leo Tolstoy 2018, p. 32)는 그의 《고백록Confession》에서 이 질문에 대하여 단호하게 "그렇다"고 답한다.

> 오늘이나 내일 질병과 죽음이 …… 내게 닥쳐올 것이고 부패로 인한 악취와 구더기 외에는 아무것도 남지 않을 것이다. 그리고 조만간 내가 한 일들은 그것들이 무엇이든지 간에 잊혀서 흔적도 없이 사라지게 될 것이다. 그런데 왜 나는 계속해서 어떤 일들을 해야 하는가? 사람들은 분명히 그런 사실을 잘 알고 있을 텐데, 어떻게 아무렇지도 않게 계속해서 살아가고 있단 말인가? 이것은 내게 정말 이상하고 놀라운 일이다! 사람은 오직 삶에 취해있는 동안에만 살아갈 수 있다. 하지만 거기에서 깨어나서 제정신으로 돌아오는 순간, 삶은 그저 사기극일 뿐이고 어리석은 미망에 지나지 않는다는 것을 알지 못하는 것은 불가능하다. 인생이란 것은 바로 그런 것이다. 거기에는 즐거움이나 지혜로움은 전혀 없고 오직 잔인함과 어리석음만이 있을 뿐이다.

현대의 철학자인 사이먼 블랙번(Simon Blackburn 2001, p. 79)

도 이러한 톨스토이의 의견에 동의를 표하며 "전체 시공간을 시야에 담는 관점에서 인간적인 스케일의 어떤 것도 의미를 지니지 못한다"고 술회한다.

그러나 나는 이에 동의하지 않는다. 인간을 우주적으로 초라하게 만드는 여러 사실들을 부인할 수는 없지만 그렇다고 그로부터 우리의 인생이 덧없고 의미 없다는 결론이 바로 따라 나오지는 않는다는 것이다. 우리가 언젠가 병들고 죽기 때문에, 결국 "부패로 인한 악취와 구더기 외에는 아무것도 남지 않을" 것이기 때문에, 인생이 무의미하다고 톨스토이가 주장한다면 나는 그에게 되묻고 싶다. 만약 우리가 늙지 않고 영원히 살 수 있다면 우리 인생이 진정 의미로워질까? 그렇지 않다. 어쩌면 그것은 단지 우리가 **무의미한 인생을 영원히 살아야 한다는 것을 뜻할 뿐일지도 모른다.**[5] 우리가 은하수만큼 장대하지 못하기 때문에 인생이 무의미하다고 블랙번이 주장한다면 나는 그에게 되묻고 싶다. 만약 우리가 거대 은하수와 같은 우주적 크기의 신체를 갖는다면 우리의 인생이 진정 의미로워질까? 그렇지 않다. 어쩌면 그것은 단지 **우리 인생의 무의미**

5 유년기에 대한 나의 추억에서 TV 만화 영화 〈은하철도 999〉를 보던 즐거움은 결코 빠질 수 없다. 〈은하철도 999〉는 영원히 죽지 않는 삶을 찾아 기계의 몸을 얻으려는 인간들의 모습을 그리고 있다. 그 만화 영화에는 막상 영원한 삶을 얻은 기계 인간들이 자살로 생을 마감하고 그것이 큰 사회 문제가 되는 장면이 나온다. 우리가 늙지 않고 영원히 살 수 있다 하더라도 인생의 무의미가 사라지지 않는다는 나의 논점과 궤를 같이 하는 장면이다. 어린이 만화 영화에 이런 심오한 철학적 메시지가 담겨 있다는 것이 사뭇 놀라울 따름이다.

를 은하수만큼 장대하게 만들 뿐일지도 모른다.[4] 지구가 우주의 중심에 위치하지 못하기 때문에 인생이 무의미하다고 누군가 주장한다면 나는 그에게 되묻고 싶다. 만약 지구가 우주의 중심이라고 한다면 우리의 인생이 진정 의미로워질까? 그렇지 않다. 어쩌면 우리는 우주의 중심에 서서 인생의 무의미를 한탄해야 할지도 모른다. 인간이 신의 외양을 따라 창조되지 않았기 때문에 인생이 무의미하다고 누군가 주장한다면 나는 그에게 되묻고 싶다. 만약 인간이 신의 외양을 따라 창조되었다면 우리의 인생이 진정 의미로워질까? 그렇지 않다. 신의 외양을 가졌음에도 인생은 왜 이리 덧없는가에 대하여 탄식할지도 모른다.

요컨대 인간의 시공간적 왜소함이, 우주의 중심에서 쫓겨난 지구의 위치가, 신을 닮지 않은 인간의 외양이 인생의 무의미성의 원천이 될 수 없다는 것이다. 그렇다면 인생이 덧없고 무의미하다는 사람들의 읊조림은 그저 자신들의 인생에 대한 오해에서 비롯한 허튼소리란 말인가? 그렇지 않다는 것이 카뮈와 네이글의 생각이다. 인생이 덧없고 허무하다는 사람들의 중얼거림을 헛소리로 치부할 수만은 없다는 것이다. 흥미롭게도 두 철학자는 인생의 (무)의미에 대한 심오한 성찰에 천착하며 인간의 **부조리**absurdity라는 하나의 공통된 관념을 이끌어낸다. 삶이 덧없고 허무하다고 중얼거리지만 그럼에도 그런 삶을 지속할 수밖에 없는 인간들의 모습에서 그 두 철학자는 부조리라는 인간 조건을 발견했던 것이다.[6] 안타깝게도 카뮈와 네이글의 텍스트는 난해하기로 악명 높다. 그래서 그들의 견해에 대한 명료한 이해를 성취하는 것은 암호 해독처럼 어려운 과제가 아닐 수 없다. 이에 다음 장에서부터는 먼저 카뮈와 네이글의 부조리 개념을 최대한 명료하게 설명해 보기로 하자.

6 인간이 부조리한 존재라는 주장과 인간의 삶이 무의미하다는 주장은 분명히 구분되어야 한다. 무의미한 생을 살아가는 생명체가 항상 부조리를 경험하는 것은 아니다. 쳇바퀴를 도는 다람쥐의 생에는 아무런 의미가 없지만 그렇다고 다람쥐가 부조리를 경험하지는 않는다. 어쩌면 무의미한 삶을 살아가는 것은 모든 유한한 생명체의 숙명과도 같은 것인지도 모르지만, 부조리는 오직 인간에게서만 발생한다. 그런 점에서 인간이 무의미한 삶을 살아간다는 명제과 인간이 부조리한 존재라는 명제는 완전히 다른 두 명제이다. 이에 대해서는 이하에서 자세한 설명이 이어질 것이다.

알베르 카뮈의

시지프스

알베르 카뮈의 시지프스 Sisyphus

카뮈는 인생의 무의미성을 시지프스의 운명을 통하여 형상화한다. 시지프스는 그리스 신화 속의 인물로 코린토스Corinth라는 국가를 건설한 왕이었지만 제우스나 하데스와 같은 그리스 신들을 기만했고 그 결과 그들의 노여움을 샀다. 신들은 시지프스에게 결국에는 언덕 아래로 다시 굴러 떨어질 바위를 언덕 위로 힘겹게 밀어 올리는 형벌을 내린다. 커다란 바위를 가파른 언덕 위로 어렵사리 밀어 올려 정상에 도달하면 어김없이 바위는 언덕 아래로 굴러 떨어진다. 그렇게 굴러 떨어진 바위를 처음부터 다시 언덕 위로 밀어 올리는 일을 무한히 반복해야 하는 것이 그에게 내려진 형벌이었다.

영겁의 시간 동안 언덕 아래로 굴러 떨어질 바위를 끊임없이 밀어 올리는 시지프스의 운명은 진정 끔찍한 것이 아닐 수 없다. 여기서 중요한 질문은 시지프스의 운명의 그 끔찍함이, 그 참혹함이 정확히 어디에서 비롯하느냐는 것이다. 시지프스의 운명이 끔찍한 것은 바위를 밀어 올리는 노동의 고단함 때문이 아니다. 시지프스의 노동이 영원히 지속되어야 한다는 사실 때문도 아니다. 시지프스의 운명이 진정 끔찍한 것은 그 고단하고 끝없는 노동이 **아무런 목적도 이유도 정당성도 없는 무한 반복**이라는 사실 때문이다. "왜 힘들여 돌을 밀어 올리는가?"라는 질문에 대하여 시지프스가 마땅히 내놓을 답변이 없다는 사실에 그 참혹함이 있다는 말이다.

고로 나는 철학자 리처드 테일러(Richard Taylor 2000, p. 322)가 그의 고전적 논문 〈인생의 의미 The Meaning of Life〉에서 밝힌 다음의 관찰이 기본적으로 옳다고 본다.

> 그러나 만약 시지프스의 바위들이 굴러 떨어져서 원래의 자리로 돌아가는 대신에 언덕 꼭대기에서 합쳐지고 그 바위들로 아름답고 오랫동안 지속될 신전이 만들어진다고 가정하면 무의미는 사라질 것이다. 그렇다면 시지프스의 노력은 의미point가 있을 것이고, 그의 고된 노동은 무언가를 만들어 내는 일이 될 것이다. …… 이때 시지프스의 삶 전체가 완전히 무의미하다고 말할 수는 없다. 적어도 조금은 의미가 발생한 것처럼 보인다……[5]

시지프스가 바위를 온 힘을 다해 밀어 올리는 이유가 산의 정상에 아름다운 신전을 건축하기 위한 것이라고 가정한다면 분명 그의 운명은 끔찍한 무의미로부터 탈출할 출구를 갖게 된다. 왜냐하면 그 가정하에서 시지프스는 "왜 힘들여 돌을 밀어 올리는가?"라는 질문에 대한 답을 마침내 갖게 될 것이기 때문이다. 그의 삶이 불가해성의 수렁에서 빠져나올 희망이 보이기 시작한다는 뜻이다. 이처럼 테일러의 사고 실험은 시지프스의 운명이 지닌 무의미성의 정체를 명료히 인식할 수 있게 해 주는데, 그 무의미성의 정체는 다름 아닌 시지프스의 힘겨운 노동에 대한 이유의 부재, 목적의 부재, 정당성의 부재인 것이다.

여기서 카뮈(1975, p. 109)의 핵심적 관찰은 사람들의 삶이란 것이 실상 무의미한 노동을 반복하는 시지프스의 운명과 별반 다를 바 없다는 것이다. 매일 같은 전철을 타고, 같은 직장에 출근하고, 같은 사람들과 인사를 나누고, 같은 업무에 매진하는 것이 대부분 생활인들의 모습이다. 시야를 넓혀도 사정이 달라지지 않는다. 하나의 문명이 세워지면 눈부시게 번성할 때가 올 것이고, 그렇게 번성하다 조금씩 쇠락하는 때가 올 것이며, 그 쇠락의 끝엔 흔적도 없이 사라지는 소멸의 시간이 찾아올 것이다. 끝내 폐허만이 남는다. 그러나 곧 그 문명의 폐허 위에 새로운 문명이 세워지고, …… 그렇게 우리 모두는 어떤 뚜렷한 목적도 이유도 정당성도 없이 매해 멀고먼 길을 반복적으로 횡단하는 철새들처럼 그저 고단한, 그러나 의미라고는 전혀 찾을 수 없는 시지프스의 운명에 갇혀 있는지도 모를 일이다. "인생 살아보니 별것 없더라"는 노인네들의 중얼거림은 아마도 그네들 인생이 갖는 이러한 시지프스적인 무의미에 대한 한탄이리라.

앞서 나는 시지프스가 산의 정상에 신전을 건축하기 위하여 바위를 밀어 올린다고 가정할 때 그의 삶은 무의미와 불가해성의 수렁에서 탈출할 희망을 갖게 된다고 말하였다. 그러나 그것은 어디까지나 희망일 뿐이다. 그 가정만으로는 시지프스의 삶이 유의미성와 이해 가능성에 온전히 도달하지 못한다는 것이다. "왜 힘들여 돌을 밀어 올리는가?"라는 질문에 대하여 시지프스가 "산의 정상에 신전을 만들기 위하여"라고 답한다면, 그 답은 다시 "왜 산의 정상에 신전을 만드는가?"라는 질문을 불러올 것이기 때문이다. 이때 이 두 번째 질문에 대하여 합당한 답변이 제시되지 않는 한 첫 번째 질문에 대한 시지프스의 답변은 그의 삶에 대한 궁극적인 목적, 이유, 정당성을 제공하지 못하고 만다. 시지프스의 운명이 무의미와 불가해성으로부터 탈출할 희망은 희망으로만 끝나고 결국 탈출은 실현되지 못한다는 뜻이다.

이 점을 좀 더 상술해 보기로 하자. 중국 갑골문자를 연구하는 어느 신진학자가 《교수신문》에 쓴 칼럼을 아주 재미있게 읽었던 기억이 난다. 〈갑골문자 해독에 대한 열망〉이라는 제목의 그 칼럼은 제목 그대로 수많은 좌절을 극복하고 스스로 고문자를 해독하기 위하여 노력을 경주하는 신진학자의 학문적인 열정을 잘 드러내고 있었다.[6] 그런데 나는 그 칼럼을 읽으며 다소 얄궂은 상상을 하기 시작하였다. 그 신진학자가 어느 학술대회에서 중국 갑골문자에 대한 논문을 발표하는 상황을 상상해 보자. 학술대회에서 논문 발표는 곧잘 질문과 토론 세션으로 이어지는데 그 세션에서 발표자에게 제기되는 가장 곤혹스러운 질문은 아마도 "당신의 연구가 왜 중요하지요?"라는 질문일 것이다. 만약 그 젊은 갑골문자 연구자가 학술대회에서 짓궂은 질문자를 만난다면 아래와 같은 문답이 오갈 수 있지 않을까 싶다.

질문자: 당신의 연구가 왜 중요한가요?

갑골문자 연구자: 중국 한자가 어떻게 탄생하였는지를 이해하는 것은 매우 중요한데, 갑골문자에 대한 제 연구가 그에 대한 실마리를 제공해 줄 것이기 때문입니다.

질문자: 잘 알겠습니다. 그런데 중국 한자의 탄생을 이해하는 것은 왜 중요한가요?

갑골문자 연구자: 한자의 탄생을 이해하는 것은 인류의 문자 문명이 어떻게 형성되었는지 파악함에 있어 핵심이라 할 수 있습니다.

질문자: 잘 알겠습니다. 그런데 인류의 문자 문명이 어떻게 형성되었는지 파악하는 것은 왜 중요한가요?

……

이 문답은 갑골문자 연구자의 말문이 막힐 때까지 계속될 수 있다. 질문자의 짓궂은 질문에 대한 갑골문자 연구자의 대응이 일정한 패턴을 지니고 있다는 점에 유의하자. 어떤 연구 주제에 대한 정당성을 어떤 다른 연구 주제의 정당성에서 찾는다는 것이다. 그렇게 갑골문자 연구의 정당성을 중국 한자 탄생에 대한 연구의 정당성에서 찾고, 중국 한자 탄생에 대한 연구의 정당성을 다시 인류 문자 문명에 대한 연구의 정당성에서 찾고, …… 문제는 이런 식의 정당화 전략은 결국 무한퇴행 infinite regress에 빠질 수밖에 없다는 것이다. 그리고 그것이 무한퇴행에 빠지는 한 그것은 어느 연구 주제도 정당화하지 못한다. 연구 주제 R의 정당성이 R*의 정당성에 의존하고, R*의 정당성이 R**의 정당성에 의존하고, R**의 정당성이 R***의 정당성에 의존하고, …… 이렇게 끝없이 지속되는 정당화 구조에서 R, R*, R** 등에 대한 정당성 중 어느 것에 대한 정당성도 확보되지 않는다. 왜냐하면 정당성의 최종 근거가 확보되지 않기 때문이다. 그런 점에서 그것은 언뜻 R, R*, R** 등을 모두 정당화하는 것처럼 보이지만 실상 **그 어느 것도 정당화하지 못한다.**

흥미로운 점은 우리 일상의 활동들에 대한 정당화를 시도할 때 우리는 갑골문자 연구자가 위의 문답에서 직면하는 것과 동일한 종류의 무한퇴행에 직면한다는 것이다. 내가 삶의 정당성에 대하여 진지하게 고민하는 어느 회사원과 다음과 같은 문답을 주고받는다고 가정해 보자.

나: 왜 회사에서 일을 하는가요?

회사원: 회사에서 일을 해야지 돈을 벌 수 있으니까요.

나: 잘 알겠습니다. 그런데 왜 돈을 벌어야 하지요?

회사원: 돈을 벌어야지 먹고 살지요.

나: 잘 알겠습니다. 그런데 왜 먹고 살아야 하지요?

회사원: 죽을 수는 없잖아요.

나: 잘 알겠습니다. 그런데 왜 당신이 죽을 수 없지요?

……

여기서 자신의 활동에 대하여 회사원이 제시하는 정당화의 구조는 앞서 갑골문자 연구자가 자신의 연구에 대하여 제시하는 정당화의 구조와 정확히 동일하다. 활동 A의 정당성은 활동 A*의 정당성에 의존하고, 활동 A*의 정당성은 활동 A**의 정당성에 의존하고, …… 그러나 이렇게 어떤 활동의 정당성을 또 다른 활동의 정당성에서 찾는 정당화 전략은 결코 성공할 수 없는데, 전술한 바와 같이 그것은 결국에는 무한퇴행에 빠지고 말기 때문이다. 미국의 저명한 윤리학자인 조엘 파인버그(Joel Feinberg 1994, pp. 308-315)는 이러한 논증형태를 '슈퍼마켓 퇴행supermarket regress'이라 명명하며, 카뮈를 그 창시자로 지목한다. '슈퍼마켓 퇴행'이라는 이름은 조엘 파인버그 자신이 슈퍼마켓에서 쇼핑을 할 때 "내가 쇼핑을 왜 하지?"라고 자문하면서 위와 같은 종류의 무한퇴행을 경험한 데서 비롯하였다고 한다.

나의 초중고 시절 교과서의 서두에는 어김없이 "우리는 민족 중흥의 역사적 사명을 띠고 이 땅에 태어났다"라는 문구로 시작하는 국민교육헌장이 자리잡고 있었다. 어린 나에겐 아무런 의미 없는 교과서의 한 페이지에 불과했지만 지금 생각해 보면 교묘한 국가주의 세뇌교육이 아닐 수 없다. 왜 그 긴 글을 토씨하나 빠뜨리지 않고 통째로 암기하고 암송해야 하는지 영문도 모른 채 무조건 암기하고 암송해야 했던 시절이었다.

여기서는 국민교육헌장의 그런 정치적 함의는 일단 논외로 치자. 대신에 국민교육헌장의 첫 문장을 곧이 곧대로 믿는 국가주의자를 상상해 보자. 그 국가주의자에게 "왜 당신은 죽을 수 없지요?"는 손쉽게 답변될 수 있는 질문이다. "민족 중흥의 역사적 사명을 띠고 이 땅에 태어난 만큼 민족 중흥을 완수하기 전까지 나는 죽을 수 없습니다"라고 답할 수 있기 때문이다. 그렇게 일견 민족을 중흥한다는 대의는 그 국가주의자에게 삶의 의미, 정당성, 이유를 부여해 줄 수 있는 것처럼 보인다. 그러나 일견 그렇게 보일 뿐이다. 민족을 중흥한다는 대의 역시 그로부터 한발 뒤로 물러난 관점에서 보면 별도의 정당화가 요구되는 가치일 수밖에 없기 때문이다. 그 국가주의자가 "왜 당신은 죽을 수 없지요?"라는 질문에 대하여 "민족 중흥을 위하여 죽을 수 없습니다"라고 대답한다면 그 대답은 다시 "왜 민족을 중흥해야 하지요?"라는 질문을 불러 일으킬 것이다. 그리고 민족의 중흥이 그 자체로 정당화되는 가치가 아닌 이상 그것의 정당성을 요구하는 질문은 지극히 정당한 질문이 아닐 수 없다. 민족의 중흥이라는 대의를 앞세워 자신의 삶을 정당화하고자 하는 국가주의자 역시 카뮈식의 슈퍼마켓 퇴행을 피해가지 못한다는 것이다.

이 국가주의자의 사례로부터 우리가 이끌어내야 하는 교훈은 자명하다. 어떤 원대한 프로젝트, 고귀한 이상, 초월적 가치 등을 언급한다고 하더라도 삶의 정당화에서 발생하는 무한퇴행을 막지 못한다는 것이 그것이다. "왜 당신이 죽을 수 없지요?"라는 질문에 대하여 조국의 독립을 위하여 죽을 수가 없다고 말하는 독립투사가, 세계에 대한 참된 지식을 얻기 위하여 죽을 수가 없다고 말하는 과학자가, 그도 아니면 지상에 하나님의 왕국을 건설하기 위하여 죽을 수가 없다고 말하는 종교인이 있을 수 있다. 그러나 그 프로젝트에서, 이상에서, 가치에서 한발 물러나 보면 그들도 그 자체로 중요하지 않은, 별도의 정당화가 요구되는 활동으로 간주될 수밖에 없다. "왜 조국이 독립되어야 하지요?", "왜 참된 지식을 얻어야 하지요?", "왜 하나님의 왕국을 지상에서 건설해야 하지요?"와 같은 질문들은 지극히 정당한 질문들이기 때문이다.[7]

앞서 지적한 바와 같이 카뮈의 입장에서 삶의 의미에 대한 우리의 갈망은 삶에 대한 정당화를 통해서 채워질 수밖에 없다. 따라서 삶에 대한 정당화 시도가 결국은 무한퇴행에 빠질 수밖에 없다는 것은, 그래서 그 정당화의 시도가 실패한다는 것은 삶의 의미에 대한 우리의 갈망이 채워질 수 없다는 것을 뜻한다. 카뮈(1975, p. 25)는 근대 과학이 무한한 공간과 영원한 시간 속에서 아무런 목적도 이유도 없이 자연의 법칙을 따라서 기계적으로 움직이는 **허무주의적 세계**를 발견하였고, 그

시공간의 교차점에 서 있는 한 인간의 삶엔 아무런 선험적 정당성도 존재하지 않는다고 일갈하였다. "이렇듯 나에게 모든 것을 다 가르쳐줄 것 같던 과학은 가설로 끝나고, 저 명증성은 비유 속으로 가라앉고 저 불확실성은 예술 작품으로 낙착되어 버린다."[8] 근대 과학이 보여주는 허무주의적 세계에서 인간의 삶은 근본적으로 불가해한 무의미라는 것이다.

앞서 지적한 바와 같이 시지프스의 운명이 지닌 참혹함은 그의 노동이 고단하거나 혹은 영원히 지속되어야 한다는 사실이 아니라 그것이 아무런 목적도 이유도 정당성도 없는 무한 반복이라는 사실에 있다. 근대 과학은 인간 역시 아무런 의미나 정당성을 발견할 수 없는 허무주의적 삶을 살고 있고, 그런 점에서 인간의 운명은 시지프스의 운명과 다를 바가 없다는 것을 폭로했다. 여기서 한 가지 명심해야 할 점은 (시지프스나 인간이 살아가는 것으로 밝혀진) 이러한 허무주의적 삶 자체에는 어떠한 비극적 요소도 없다는 것이다. 만약 그 허무주의적 삶이 의미나 정당성에 대한 갈망이 전혀 없는 한 마리 개미의 삶이라면 그 삶에 대해선 통탄할 일도 절망할 일도 없을 것이기 때문이다.

카뮈의 입장에서 그 허무주의적 삶이 진정 비극적인 것은 그 삶이 바로 의미나 정당성을 간절하게 갈구하는 인간의 삶이라는 사실에서 기인한다. 인간은 본성상 삶의 의미를, 삶의 명료성과 정합성을, 삶의 이해 가능성을 간곡하게 갈망하는 존재이기 때문이다. 카뮈는 말한다. "단일성에 대한 노스탤지어, 절대적인 것에 대한 갈망은 인간 드라마의 본성적 충동을 보여 준다(*ibid*., p. 23)."[9] 그에 따르면 인간은 자기의식self-consciousness을 갖기 시작하면서 "나는 누구인가?", "내 삶은 무엇을 위한 것인가?", "나는 왜 존재해야 하는가?"와 같은 근원적인 질문을 내면 깊숙이 간직하며 살아간다. 자신에 대한 존재의미를 갈구한다는 말이다.

그렇게 그 질문들은 우리가 결코 도피할 수 없는 숙명적인 질문들이지만 그럼에도 그들에 대한 대답을 찾는 것은 불가능하다고 카뮈는 술회한다. 의미를 찾는 인간의 간곡한 열망에 대하여 근대 과학의 허무주의적 세계는 아무런 응답을 주지 않기 때문이다. 그렇게 근대 과학은 존재 의미에 대한 인간의 이런 노스탤지어적 갈망에 오직 불합리한 침묵으로 일관하는 세계the unreasonable silence of the world를 창조하였다고 카뮈는 한탄한다. 바로 이 지점에서 부조리에 대한 카뮈의 핵심적 통찰이 등장한다.

사무엘 베켓(Samuel Beckett 2006a)의 연극《고도를 기다리며Waiting for Godot》에서 블라디미르Vladimir와 에스트라곤Estragon의 모습은 왜 부조리한가? 그들의 부조리는 고도가 그들에게 영원히 오지 않을 것이라는 것이 너무도 명백한 상황에서도 고도에 대한 기다림을 멈출 수 없는 그들의 숙명에서 말미암는다.[1] 그런데 카뮈는 이것이 인간이 처한 숙명과 정확히 동일하다고 진단한다. 삶의 근본적인 무의미성이라는 명백한 사실에 직면해서도 존재 의미에 대한 간절한 갈구를 거두지 못하는 인간의 부조리는 결코 오지 않을 고도를 기다리는 블라디미르와 에스트라곤의 부조리와 다르지 않다는 것이다.

카뮈는 존재 의미에 대한 고통스럽지만 그럼에도 멈출 수 없는 인간의 염원과, 근대 과학의 세계관에서 불가해한 삶을 살아가는 그저 부유하는 존재로 등장한다는 엄중한 현실 사이의 충돌에서 인간의 부조리를 찾았다. "세계는 그 자체로 합리적이지 않다…… 진정 부조리한 것은 이러한 세계의 불합리한 모습과 인간의 마음에서 요동치는 의미에 대한 강렬한 충동 사이의 충돌이다"[10]는 카뮈(*ibid.*, p. 26)의 관찰은 부조리에 대한 그의 시각을 잘 드러내고 있다.

카뮈에게 부조리는 인간과 세계 사이의 충돌에서 발생하는데, 특히 삶의 정당성, 이유, 목적에 대한 노스탤지어적인 갈망이 그 한 축을 형성한다. 카뮈는 존재 의미에 대한 이러한 노스탤지어적인 갈망이 자기의식적인 존재가 자신의 실존적인 상황을 이해하고 납득하려는 본능적 충동에서 말미암는다고 본다. 그래서 카뮈는 부조리가 그러한 자기의식을 획득한 인간에게만 고유하게 나타나는 현상이라고 말한다. 자기의식을 획득하지 못한 개미와 같은 생명체들에게선 자신의 실존적 상황을 이해하려는 충동이 발생하지 않기에 부조리를 유발하

1 부조리 개념에 대해서는 다음 4장에서 한층 상세한 분석이 제시될 것이다.

는 충돌의 한 축이 형성되지 않는다는 것이다. 그래서 카뮈(*ibid*., p. 38)는 "만약 부조리가 존재한다면 그것은 인간의 우주 속에서 존재한다If there is an absurd, it is in man's universe"고 강조한다. 이러한 카뮈의 견해는 이후 네이글의 전폭적인 동의를 얻는다. 오랜 생물학적 진화는 인간에게 자기의식이라는 고등한 자기 성찰 능력을 부여했는데, 카뮈는 그 고등한 자기 성찰 능력이 인간을 실존적인 미로로 밀어넣는다고 보았던 것이다. 카뮈(*ibid*., p. 39)는 말한다. "자연법칙[진화론적 법칙]들은 어느 지점까지는 정상적으로 기능했을지 몰라도, 그 지점을 넘어서면서 그 법칙들은 더 이상 정상적으로 기능하지 않았고, 그 결과 부조리를 창출하였다."[11]

그렇다면 이러한 부조리에 대하여 우리는 어떻게 대응해야 할까? 한 가지 가능한 대응은 자살이다. "어떤 의미에서, 그리고 멜로드라마에서처럼 자살은 하나의 고백과 같다. 그것은 삶이 당신에게 너무나 무거운 것이라는, 당신이 그 삶을 이해하지 못한다는 고백"[12]이라고, 또한 "자살을 생각해 본 사람은 부조리의 느낌과 죽음에 대한 갈망 사이의 직접적인 상관관계를 명증하게 인식할 수 있다"[13]고 카뮈(*ibid*., p. 13)는 말한다. 삶의 부조리를 벗어나는 하나의 방편으로 자살을 선택할 수 있단 말이다.

그러나 카뮈(*ibid*., pp. 53-54)는 궁극적으로 자살에 반대하며, 극도의 무의미를 견디며 살아가는 것이야말로 시지프스가 자신에게 그러한 무의미의 형벌을 내린 신들에게 반항하는 가장 확실한 방법임을 관찰한다. 그것은 신들이 살 가치가 없는 삶이라고 여겨 시지프스에게 강요한 그 지독한 무의미의 삶이 실상 살아갈 만하다는 것을 증명하는 것이기 때문이다. 그렇게 신들에 의해 지독한 무의미의 삶을 강요받은 시지프스가 그 삶을 기꺼이 살아냄으로써 신들의 오판을 증명하는 반항인으로, 진정한 '부조리의 영웅absurd hero'으로 재탄생한다고 카뮈(*ibid*., p. 108)는 강조한다. 카뮈의 말을 직접 들어보자.

> 신들의 프롤레타리아, 무기력하지만 그럼에도 반항적인 시지프스는 그의 비참한 현실을 너무도 잘 알고 있다. 그가 하산하는 동안 고뇌하는 것이 바로 이 현실이다. 그를 고통스럽게 만들었던 그 명증성[자신의 부조리한 조건에 대한 시지프스의 명증한 인식] 자체가 동시에 그에게 승리의 관을 씌워준다. 경멸에 의해서 극복될 수 없는 운명이란 존재하지 않는다.[14]

이런 카뮈의 관점에서 자살이 인간의 부조리에 대한 최선의 답이 될 수 없다는 것은 자명하다(*ibid*., 서문). 인간의 삶이 아무리 무의미할지라도 그 속에서 행복을 찾고 그 무의미를 견디며 살아가는 것이야말로 우리 모두가 부조리의 영웅이 되는 길이요, 우리의 부조리한 인간 조건에 대한 진정한 반항인이 되는 길이라고 카뮈는 역설한다.

부조리와 허무주의

부조리와 허무주의

우리는 지금까지 카뮈의 부조리 개념, 그리고 부조리에 대한 카뮈의 해법을 살펴보았다. 카뮈(*ibid.*, pp. 45-46)에 따르면 인간의 부조리는 '절대성과 자기통합성에 대한 우리의 간절한 갈망our appetite for the absolute and for unity'과 그러한 갈망에 응답하지 않는 허무주의적 세계, '합리적이고 이성적인 원리로 이해하는 것이 불가능the impossibility of reducing this world to a rational and reasonable principle'한 허무주의적 세계 사이의 충돌에서 온다. 이러한 인간의 부조리는 어떻게 극복될 수 있을까? 앞서 살펴본 바와 같이 카뮈는 먼저 자살이 답이 될 수 없다고 단정한다. 그에 대한 카뮈 자신의 해법은 인간이 자기 자신의 시지프스적인 운명을 경멸하는 비극적 영웅이 되는 것이다. "경멸로써 극복할 수 없는 운명이란 존재하지 않는다"고 선언하는 카뮈의 비장함은 비극적 운명을 의연히 응대하는 낭만적 영웅의 비장함 그대로이다.

자신의 삶에 대한 의미, 정당성, 명증한 이해 가능성을 간절히 갈구하는 인간의 본능적 충동이 채워지지 않는 것은 근대 과학이 발견한 세계가 그러한 인간의 갈구에 응답하지 않는 세계이기 때문이다. 그리고 **세계가 그렇게 인간의 갈구에 응답하지 않는 것은 그것이 허무주의적 세계이기 때문이다.** 그렇다면 카뮈가 근대 과학이 잉태한 것으로 보는 허무주의적 세계란 정확히 무엇인가? 이번 장에서는 허무주의 그리고 그것과 부조리의 관계에 대해서 자세히 살펴보기로 하자.

허무주의의 핵심 논제는 카뮈의 《이방인The Stranger》에서 사형을 언도받은 뫼르소Meursault가 절규하며 부르짖던 "중요한 것은 아무것도 없다Nothing matters"는 명제로 요약될 수 있다. 우리가 일상에서 중요하다고 여기는 모든 것들이, 실제로는 물체들이 아무런 정당성도, 이유도, 목적도 없이 그저 자연법칙을 기계적으로 따른 결과에 지나지 않기에 중요한 것은 아무것도 없다는 것이다. 《이방인》의 첫 문장으로 등장하는 뫼르소의 독백 "오늘 엄마가 죽었다. 아니 어쩌면 어제. 확실치 않군."은 어머니의 죽음조차도 중요하지 않게 취급하는 허무주의자의 모습을 문학적으로 탁월하게 묘사하고 있다.

삶과 세계에 대한 허무주의적 관점이 많은 이들을 우울과 절망에 빠뜨리고, 극단적인 경우에는 그들을 자살로 이끌기도 한다는 사실을 부인하기 힘들다. 이와 관련하여 영국의 도덕철학자 리처드 헤어(Richard M. Hare 1972)가 〈중요한 것은 아무것도 없다Nothing Matters〉라는 논문에서 소개한 자신의 경험담은 흥미롭다. 헤어의 경험담은 자신이 재직하던 옥스퍼드 대학교에 교환 학생으로 오면서 헤어의 집에 잠시 머물게 된 어느 스위스 학생에 관한 이야기이다. 헤어는 그 스위스 교환 학생을 균형 잡힌well-balanced 삶을 사는 쾌활하고 열정적인 사람으로 묘사한다. 그 학생이 옥스퍼드에 정착하는 것을 돕기 위해 헤어 부부는 그의 방에 몇 권의 프랑스 서적을 비치해 두었는데, 그 중 하나가 카뮈의 《이방인》이었다. 그런데 헤어의 집에 들어온 지 며칠이 지나지 않아 그 학생의 일상에 급격한 변화가 나타나기 시작했다. 쾌활하던 모습은 온데간데없이 사라지고 그 자리를 우울하고 절망적인 모습이 차지했다. 이전과는 달리 식사자리에서 담소를 나누는 것도 피하고 이전에는 피우지 않던 담배를 피우기 시작했다. 그러면서 들길을 오랫동안 고독하게 배회하기도 한다. 헤어 부부는 이런 그가 조금씩 걱정되기 시작하였다. 그러던 어느날 헤어 부부는 밤늦게 귀가한 학생에게 "요즘 무슨 일이 있냐?"고 물으며 대화를 나눴다. 그 스위스 교환 학생은 자신의 방에 놓여 있던 카뮈의 소설을 읽었노라고, 세상에 중요한 것은 아무것도 없다는 뫼르소의 주장에 완전히 설득되었노라고 고백하였다. 그 스위스 교환 학생을 침울하게 만든 원인은 다름 아니라 뫼르소의 허무주의적 세계관이었던 것이다.

헤어는 이러한 학생의 말을 듣고 그 학생에게 도움을 주어야 한다는 어떤 책임감을 느끼게 되었다고 말한다. 당대의 저명 도덕철학자로서 도덕적 주제에 대해서 고뇌하는 젊은이를 가만히 두고 볼 수는 없었던 모양이다. 당시 영국 옥스퍼드의 일상언어학파 전통에서 도덕철학을 연구하던 헤어는 그 스위스 교환 학생을 위하여 '세상에 중요한 것은 아무것도 없다'는 허무주의적 명제에 대한 일상언어학적 분석을 시도한다. 가령 헤어는 '중요하다'는 표현은 언제나 어떤 주체에게 중요하다는 것을 의미한다고 지적한다. 독도가 어느 국가에 속하는지는 한국인들에게 중요할지 몰라도 어느 이름 모를 아프리카 원주민에게는 전혀 중요하지 않을 것이다. 한편 그 아프리카 원주민에게 중요한 것이 한국인들에게는 전혀 중요하지 않을 수도 있다. 이처럼 '중요하다'는 표현이 주체에 상대적임을 인식할 때, 우리에게 중요한 것이 아주 많다는 것은 자명해 보인다. 우리의 가족, 우리의 직장, 우리의 장래 등은 우리에게 너무나 중요한 것이 아닐 수 없기 때문이다. 이런 점에 비추어 어떤 주체를 상정하지 않은 상태에서 '중요한 것은 아무것도 없다'라고 주장하는 것은 사고의 혼돈을 초래하는 언명이 아닐 수 없다. '중요하다'는 표현의 주체 상대성을 명확히 인식하고 그것을 언어적으로 명시화할 때 애초의 허무주의적 명제는 그 신비로운 마력을 상실한다고 헤어(*ibid*., pp. 34-35)는 설명한다.

이러한 헤어의 일상언어적 분석은 스위스 교환 학생에게 탁월한 효과를 발휘했다고 한다. 헤어와의 대화 이후 그 학생은 곧 우울과 좌절에서 벗어나 다음날 즐거운 아침 식사를 즐겼다고 헤어는 그의 논문에서 회고한다. 이 일화에 대한 논의를 정리하며 헤어(*ibid*., p. 38)는 그 교환 학생이 고민했던 문제는 '중요하다'와 같은 일상어를 정확하게 이해함으로써 해결해야 할 언어철학적 문제였다고 지적한다. 스위스 교환 학생은 철학적인 미숙함으로 인해 그 언어철학적 문제를 인생에 대한 우울한 메시지를 담고 있는 실존적인 문제로 혼동했다는 것이다. 그러나 헤어 자신이 제시한 일상언어적 분석을 통하여 혼란은 해소되었고 그 학생은 곧 그러한 철학적 우울로부터 벗어날 수 있게 되었다고 헤어는 말한다.

허무주의적 명제에 대한 헤어의 일상언어적인 분석이 타당한지를 엄밀히 따져보는 것은 상당히 흥미로운 작업이 아닐 수 없는데, 그 작업을 위해서는 도덕실재론moral realism과 관련한 메타윤리학metaethics의 복잡한 논쟁을 살펴봐야 한다. 그런데 그것은 이 책의 주제와 직접적인 관련이 없으므로 아쉽지만 상당수의 철학자들이[15] 헤어의 분석의 타당성에 대하여 의구심을 표한다는 사실만을 지적하고 넘어가기로 하자.

헤어가 소개한 스위스 교환 학생의 일화는 허무주의적 세계관으로 인해 한 개인이 삶에 대한 절망과 비탄에 빠지는 것이 얼마든지 가능하다는 것을 생생히 그리고 흥미롭게 보여준다. 여기서 우리는 **허무주의적 세계 자체와 허무주의적 믿음 혹은 세계관을 분명히 구분할 필요**가 있다. 자동차의 연료는 휘발유라는 사실과 자동차의 연료는 휘발유라는 나의 믿음은 분명히 구분된다. 휘발유가 바닥난 자동차가 멈추는 것은 전자 때문이지 후자 때문이 아니다. 설사 내가 자동차의 연료는 휘발유가 아니라 물이라는 잘못된 믿음을 갖는다 하더라도, 휘발유가 바닥난 자동차가 움직일리는 만무하기 때문이다. 한편, 자동차의 휘발유를 채우기 위해서 주유소 방향으로 자동차를 운전하는 나의 행위를 유발하는 것은, 엄밀히 말해, 자동차의 연료가 휘발유라는 나의 믿음이다. 자동차의 연료가 휘발유라는 사실이 성립한다고 하더라도 내가 그것을 믿지 않는다면 나는 주유소 방향으로 자동차를 운전하지 않을 것이기 때문이다. 이런 점에서 P라는 사실과 P라는 나의 믿음은 명확히 구분될 필요가 있다.

허무주의에 대해서도 마찬가지가 성립한다. 중요한 것이 아무것도 없는 허무주의적 세계와 중요한 것이 아무것도 없다는 허무주의적 믿음은 명확히 구분되어야 한다. 스위스 교환 학생의 일상에 급격한 변화를 유발했던 것은 허무주의적 세계 자체라기보다는 허무주의에 대한 그 학생의 믿음이었다. 그 학생은 《이방인》의 주인공인 뫼르소로부터 이 세상에 중요한 것은 아무것도 없다는 허무주의적 믿음을 얻게 되었고, 그것이 그에게 삶에 대한 우울과 비관을 불러일으켰던 것이다. 실제로 옥스퍼드의 철학자 가이 카하네(Guy Kahane 2017)는 허무주의적이지 않은 세계에서 허무주의적 믿음을 갖는 것의 위험성을 경고하며 허무주의적 세계와 허무주의적 믿음을 구분하는 것의 중요성을 강조한다. 허무주의적 세계관은 허무주의가 세계에 참되게 성립한다는 믿음이다. 따라서 허무주의적 세계와 허무주의적 믿음이 구분되어야 하는 것과 마찬가지로 허무주의적 세계와 허무주의적 세계관 역시 명확히 구분되어야 한다. 이 논점은 상당히 중요한데, 이후 카뮈의 부조리 개념, 그리고 부조리에 대한 카뮈의 대응책을 평가하는 맥락에서 다시 논의될 것이다.

헤어가 소개한 스위스 교환 학생의 일화는 다소 코믹한 부분이 있다. 카뮈의 소설을 읽고 허무주의적 세계관에 심취했다가 헤어와의 짧은 대화를 통하여 그 세계관에서 곧장 빠져나오는 학생의 모습은 우리를 웃음짓게 한다. 그러나 허무주의적 세계관은 훨씬 비극적인 결과를 초래하기도 한다. 지금부터 소개할 마리아 폰 헤르베르트Maria von Herbert의 일화는 허무주의자의 참담한 슬픔, 절망, 그리고 자살을 생생하고 아름답게 그리고 있다. 마리아 헤르베르트는 칸트와 동시대의 오스트리아 여인으로서, 칸트 철학에 대한 학구적인 추종자였던 그녀의 오빠를 통해서 칸트의 저작을 접했고, 이후 그녀 자신 역시 칸트 철학에 심취하게 되었다. 그러던 그녀에게 실연의 고통이 찾아왔고 그 결과 그녀는 극단적인 허무주의에 빠지고 말았다. 그런 그녀는 1791년부터 1794년까지 칸트에게 허무주의적 절망과 비탄으로부터 벗어날 방도에 대한 조언을 구하는 편지를 보냈는데, 그 첫 번째 편지의 내용을 일부 인용하면 다음과 같다.

> 저는 제가 가졌던 행복을 되돌려 줄 어떤 것도 결코 발견할 수 없었습니다. 저는, 적어도 제 눈에서, 실로 가치 있어 보이는 모든

> 것들을 다 품고 있는 누군가를 사랑했습니다. 그렇게 그를 위해서만 살았고, 그와 비교해서 다른 모든 것들은 모두 쓰레기에 불과했습니다. 이제 제 마음은 수천수만 조각으로 산산이 부서졌습니다(Langton 1992, p. 482)![16]

칸트 철학은 자살을 비도덕적인 행위로 규정하는 것으로 유명하다. 이런 칸트 철학에 익숙했던 마리아 헤르베르트는 위의 인용문에 이어서 "만약 제가 당신의 저서를 그렇게 많이 읽지 않았다면 저는 분명 자살을 선택했을 거예요."라고 덧붙인다.

마리아 헤르베르트는 칸트에게 총 세 편의 편지를 보냈는데, 이후 두 편의 편지에서 삶에 대한 지독한 허무주의를 한탄하며 다음과 같이 말한다.[17]

> 이제 제 생각이 분명해졌어요. 저나 제 주위의 모든 것들은 그저 광대한 허무로 채워져 있어요. 그래서 저는 제 자신이 그저 잉여적이고 불필요한 존재로만 느껴져요. 어떤 것도 흥미롭지 않습니다. 저는 지금 삶을 견딜 수 없게 만드는 이 권태로 너무나 고통스럽습니다(*ibid*., p. 493).[18]

> 당신은 이제 제가 단 하나만 원한다는 것을 아실 겁니다. 바로 이 의미 없는 삶을 끝내는 것입니다. …… 저는 당신께 간청합니다. 제 영혼을 이 참을 수 없는 공허함으로부터 벗어날 수 있게 도와

주기를(*ibid*., pp. 493-494).[19]

칸트는 마리아 헤르베르트의 첫 번째 편지를 받고 장문의 답신을 보낸다. 그러나 헤어가 소개한 스위스 교환 학생의 일화에서와는 달리, 칸트의 답신은 마리아 헤르베르트에게 별다른 도움이 되지 못했던 듯하다. 그녀는 칸트와의 마지막 서신 왕래 후 9년이 흐른 1803년 어느날 성대한 파티를 주최한 직후 드라우강Drau River에 몸을 던져 스스로 목숨을 끊는다. 어쩌면 그녀는 그날의 파티를 다가올 자신의 죽음에 대한 장례식으로 여겼을지도 모를 일이다.

가치 있는 것은 아무것도 없고 그저 허무함뿐이라는, 그녀 자신조차도 아무런 가치가 없는 잉여적 존재라는 편지 속의 글들은 마리아 헤르베르트의 허무주의적 믿음을 잘 드러내고 있다. 실제로 마리아 헤르베르트의 일화는 많은 이들이 자살을 결행하는 배경에 삶과 세계에 대한 허무주의가 있다는 것을 시사한다. 사업에 실패해서건 사랑하는 이로부터 버림받아서건 인생의 파국에 직면하여 자살을 택하는 많은 이들은 허무주의로부터 모종의 위로를 받는 것처럼 보이기 때문이다. 삶을 지속하는 것이 아무런 의미나 중요성이 없다면 자살을 굳이 피할 이유도 없는 것 아니냐고 반문하면서 말이다.

앞서 스위스 교환 학생의 일화에서도 지적한 바와 같이 여기서도 허무주의적 세계와 허무주의적 믿음의 구분은 중요하다. 앞서 우리는 스위스 교환 학생의 일상이 급격하게 달라졌던 것은 허무주의적 세계 자체 때문이 아니라 허무주의적 세계에 대한 그 학생의 믿음 때문이었다는 것을 알 수 있었다. 마찬가지로 마리아 헤르베르트를 죽음으로 몰고간 것은 중요한 것이라곤 아무것도 없는 허무주의적 세계 자체가 아니었다. 그녀를 죽음으로 몰고간 것은 그런 허무주의적 세계에 대한 그녀의 믿음, 즉 그녀의 허무주의적 세계관이었다. 이처럼 스위스 교환 학생의 일화나 마리아 헤르베르트의 일화는 삶에 대한 우울, 비관, 그리고 극단적인 경우 자살이 허무주의적 믿음 혹은 세계관에서 비롯할 수 있다는 것을 보여준다.

이 지점에서 우리는 카뮈의 부조리 개념을 다시 한번 되새길 필요가 있다. 카뮈에 따르면 인간의 부조리는 자신의 삶에 대한 의미, 정당성, 명증한 이해 가능성을 갈망하는 인간의 본능적 충동과 그러한 충동에 아무런 대답도 주지 않는 허무주의적 세계 사이의 충돌에서 말미암는다. 여기서 우리가 특히 유념해야 할 점은 부조리를 생성하는 충돌의 한 축이 아무것도 중요한 것이 없는 **허무주의적 세계 자체**라는 것이다. 그런 허무주의적 세계에 대한 인간들의 믿음, 즉 허무주의적 세계관이 아니라는 말이다. 이 논점은 매우 중요한데, 그것은 허무주의적 세계 자체에는 인간의 부조리에 대한 해결책으로서 자살이나 혹은 카뮈식의 낭만적 영웅주의를 정당화해 줄 어떤 요소도 존재하지 않기 때문이다.

진정 우리 세계가 중요한 것이라고는 도대체 존재하지 않는 허무주의적 세계라면, **아무것도 중요하지 않다는 그 허무주의적 사실 자체도 중요하지 않을 것이다.** 이런 관찰에서 니체(1968, p. 585)는 모든 것이 헛되다는 허무주의적 파토스the nihilists' pathos는 일종의 모순을 포함하고 있다고 꼬집는다. 분명 중요한 것이 아무것도 없는 허무주의적 세계는 삶의 의미와 정당성을 찾는 인간의 간곡한 외침에 아무런 응답을 주지 않는 세계이다. 앞서 서술한 바와 같이 바로 이 지점에서 카뮈의 부조리가 잉태된다. 그런데 중요한 것이 아무것도 없는 허무주의적 세계에서는 삶의 의미와 정당성을 찾는 인간의 간곡한 외침도, 세계가 그에 아무런 응답을 주지 않는다는 사실도, 그렇게 인간이 벗어날 수 없는 부조리에 빠진다는 사실도 그 자체로 중요하지 않다. 중요한 것이 아무것도 없기 때문이다.

카뮈의 견해에서 우리는 아무런 이유도, 목적도, 정당성도 찾을 수 없는 진정 무의미한 시지프스적인 삶을 살아가고 있음이 분명하다. 그러한 삶의 무의미성을 명증하게 의식하면서도 삶에 대한 이유를, 목적을, 정당성을 찾으려는 충동을 거두어들일 수 없다는 점에서 우리는 부조리한 존재일 수밖에 없다. 이 지점에서 나는 카뮈에게 "왜 우리의 삶이 의미라고는 전혀 없는 시지프스적인 삶일 수밖에 없는가?"라고 질문한다. 그에 대한 카뮈의 답변은 "이 세계가 허무주의적 세계이기 때문"이라는 것이다. 그런데 그에 대하여 나는 "세상에 어느 것도 중요하지 않은 허무주의적 세계에서 우리가 시지프스적인 삶을 산다는 사실 자체도 중요하지 않은 것 아니냐?"고 반문할 수 있다. 우리의 삶이 하나의 불가해한 시공간의 궤적에 불과하다는 사실도, 그 불가해성을 의식하지만 그럼에도 삶의 정당성과 이해 가능성을 갈구하는 충동을 멈출 수 없는 인간의 부조리도 허무주의적 세계에서는 중요하지 않다는 것이다.

2장에서 나는 카뮈를 따라서 극도의 무의미를 견뎌야 하는 시지프스의 삶을, 그리고 그런 시지프스의 삶과 크게 다를 바 없는 인간의 삶을 참혹하고 비극적인 문제 상황으로 묘사하였다. 그런데 **만약 그 무의미성이 세계에 도대체 중요한 것이 아무것도 없다는 허무주의에서 잉태된 것이라면** 시지프스의 삶이나 인간의 삶이, 비록 그 속에서 의미라고는 전혀 찾을 수 없지만, 진정 우리가 한탄하거나 비통함을 느껴야 할 비극적 문제 상황인지 의문이 들지 않을 수 없다. 아무것도 중요한 것이 없는 허무주의적 세상에서는 한탄하거나 비통함을 느낄 이유도 없을 것이기 때문이다.

일부 메타윤리학자들은 여기서 한 걸음 더 나아가 설사 실재 세계가 허무주의적 세계라 하더라도, 그 때문에 세계와 삶에 대한 우리의 태도가 달라질 이유가 전혀 없다고 강조한다. 그러한 허무주의적 세계에서도 삶은 이전과 똑같이 지속될 수 있다는 것이다. 물론 우리 세계가 진정 중요한 것이 아무것도 없는 허무주의적 세계라고 가정할 때 나의 가족에, 나의 직장에, 나의 장래에 지극한 의미와 중요성을 부여하는 나의 모습은 실재와의 충돌이라는 카뮈식의 부조리를 내포하고 있음이 분명하다. 그러나 많은 메타윤리학자들은 이러한 부조리의 존재로부터 곧장 우리의 태도를 교정해야 한다는 당위가 따라 나오지는 않는다고 역설한다. 가령 윤리학자 리처드 조이스(Richard Joyce 2001, p. 173)는 설사 세계가 진정 아무것도 중요한 것이 없는 허무주의적 세계라 하더라도 선과 악을 구분하는 우리의 도덕 관념은 여전히 유지되어야 한다고 강조한다. 실재와의 불일치라는 중대한 오류에도 불구하고 세계에 선과 악이 존재하는 것인 양 기존의 도덕 관념을 고수하며 살아가는 것은 우리 공동체의 삶을 안내하고 조율함에 있어서 여전히 실천적으로 유용하다는 것이 그 근거이다. 유사하게 현대 윤리학의 거장으로 손꼽히는 존 매키(John Mackie 1977, p. 227) 역시 설혹 우리의 도덕 관념이 단지 허상에 불과하다 하더라도 그것을 고수할 상당한 이유가 존재한다고 주장한다. 우리의 도덕 관념이 오류에 기초한다고 하더라도 그것의 실천적 유용성에 비추어 정당한 관념으로 간주될 수 있다는 것이다.[20]

이런 점에 비추어 허무주의적 세계 자체에 우리가 진실로 한탄하고 비통해 해야 할 그 어떠한 비극적 요소가 있는지 의문이다. 설사 우리 세계가 실상 허무주의적 세계라 하더라도, 마치 우리 세계가 중요성으로 충만한 세계인 양, 부조리가 발생하지 않는 세계인 양 살아가도 아무런 문제가 없다. 더불어 이 세계가 삶의 의미와 정당성에 대한 우리의 갈망을 채워줄 수 없는 허무주의적인 세계라는 사실에 대하여 좌절하거나 절망할 필요도 없다. 아무것도 가치 있는 것이 없는 허무주의적 세계에서는 우리의 갈망이 채워지지 않는다는 사실 역시 중요하지 않기 때문이다. 만약 그와 같다면, 허무주의적 세계에서 우리의 삶이 무의미하고 그에 따라 우리가 부조리의 미궁에 빠진다는 것이 하나의 참혹한 비극이라는 인식하에서, 시지프스를 부조리의 영웅으로 칭송하며 인간의 부조리에 대하여 낭만적 반항으로 응대할 것을 권고하는 카뮈의 입장은 과도한 영웅주의라는 비판으로부터 자유롭지 못하다.

앞서 나는 허무주의적 세계 자체와 허무주의적 믿음 혹은 세계관은 분명히 구분되어야 한다고 지적하였다. 지금까지 삶의 의미에 대한 인간의 본능적 갈망과 도대체 중요한 것은 아무것도 없는 **허무주의적 세계 자체** 사이의 충돌로 이해된 카뮈의 부조리에 대해서 살펴보았는데, 충돌은 삶의 의미에 대한 인간의 본능적 갈망과 **허무주의적 믿음 혹은 세계관** 사이에서도 발생한다. 카뮈의 부조리를 만들어 내는 충돌이 인간과 인간 밖에 존재하는 세계 사이의 충돌이라면, 이 두 번째 충돌은 인간 내에 존재하는 두 심리적 요소 사이에 발생하는 충돌이다. 그것은 자신의 삶에 대한 의미, 정당성, 이해 가능성을 갈구하는 **본능적 충동**과 허무주의적 세계에서 그러한 의미, 정당성,

이해 가능성은 도대체 존재하지 않는다는 **믿음 혹은 세계관** 사이의 충돌이고, 거기서 두 개의 충돌항은 모두 인간 내에 존재한다. 그런 점에서 이 두 번째 충돌은 카뮈의 부조리와는 다른 성격의 '실존적 불안existential angst'을 만들어 낸다.

앞서 나는 스위스 교환 학생의 일화와 마리아 헤르베르트의 일화를 소개하였는데, 그 두 사례로부터 우리가 이끌어 내야 할 교훈은 삶의 의미와 정당성에 대하여 고뇌하는 이들이 직면하는 문제는 카뮈식의 부조리라기보다는 실존적 불안이라는 것이다. 앞서 지적한 바와 같이 스위스 교환 학생의 일상이 급격하게 변화했던 것은 허무주의적 세계 자체라기보다는 그런 허무주의적 세계에 대한 그 학생의 믿음, 즉 그 학생의 **허무주의적 세계관** 때문이었다. 자신의 삶에 의미와 정당성을 부여할 어떤 것도 세상에 존재하지 않는다는 그의 **믿음 혹은 세계관**이 자신의 삶에 대한 의미와 정당성에 대한 **본능적 갈망과 충돌하며** 실존적 불안을 낳았던 것이다. 마찬가지가 마리아 헤르베르트에 대해서도 성립한다. 자신에게 모든 것을 의미하던 연인을 잃어버리고 그녀에겐 오직 무의미와 공허만이 남았다는 그녀의 믿음과, 그럼에도 '이 참을 수 없는 공허함'에서 벗어날 수 있게 도와달라고 칸트에게 간청하던 그녀의 의미에 대한 본능적 갈망 사이의 충돌이 그녀 내부에서 발생했고, 이 실존적 불안이 그녀를 비극적 자살로 이끌었는지 모른다. 이는 인생의 의미에 대하여 고뇌하는 이들을 좌절과 절망으로 몰아넣고 극단적으로는 자살을 선택하게끔 만드는 비극적 상황은, 인간과 세계 사이의 충돌로 이해된 카뮈의 부조리가 아니라 인간 내부에서 발생하는 충돌로 이해된 실존적 불안이라는 점을 보여준다. 진정 비극적인 것은 카뮈의 부조리가 아니라 실존적 불안인 것이다.

스위스 교환 학생이 허무주의적 세계관으로부터 생에 대한 열의를 상실했다면, 혹시라도 마리아 헤르베르트가 허무주의적 세계관에 인도되어 자살을 결행했다면, 그것은 참으로 안타까운 일이 아닐 수 없다. 이 두 일화가 예증하듯, 분명 우리는 허무주의적 세계관 속에서 삶의 의미, 정당성, 이해 가능성에 대한 염원이 충족되지 않을지 모른다는 불안감으로 인해 실존적 고뇌에 빠지곤 한다. 이는 비극적 문제 상황임에 분명하다. 그럼에도 나는 이 비극적 문제 상황 역시 상당 부분 허무주의에 대한 혼동과 오해에서 말미암았다고 본다. 그리고 그 혼동과 오해의 원천은 허무주의적 세계관으로 인해 실존적 불안에 빠진 이들이 곧잘 **자기 자신 역시 허무주의적 세계의 일부라는 것**을 망각한다는 사실에 있다. 세계에 도무지 중요한 것이 없다는 허무주의적 세계관을 이야기하면서도 자기 자신의 중요성은 당연한 것으로 은연중에 전제한다는 것이다. 그러나 그 숨겨진 전제를 폐기할 때 허무주의적 세계관의 비극성은 상당 부분 완화된다. 삶의 의미와 중요성을 갈망하는 자기 자신도 허무주의적 세계의 일부라는 것을 명확히 인식할 때 허무주의적 세계관은 더 이상 우리를 지독한 우울과 절망으로 몰아넣지 않는다는 것이다.

왜 그런가? 중요한 것이 아무것도 없는 허무주의적 세계에서는 삶의 의미와 중요성에 대한 인간의 갈망, 그리고 그러한 갈망이 충족되지 않는다는 사실 역시 중요하지 않기 때문이다. 그런 이유로 허무주의적 세계에서 삶의 의미와 중요성에 대한 우리의 갈망이 충족되지 않는다는 깨달음을 얻을 때 환희와 희열을 느낄 이유도 없지만, 그렇다고 비탄과 좌절에 빠질 이유도 없다. 허무주의적 세계관이 세상을 더 아름답고 살 만하다고 느끼게 만들지는 못한다는 것은 분명하다. 우리가 지금 살아가는 세계가 도무지 아무것도 중요한 것이 없는 세계, 의미와 가치를 전적으로 결여한 세계라는 깨달음이 우리 삶이 종전보다 더 아름답게 보이거나 우리 삶이 더 살 만하다고 느끼게끔 만들지는 못한다는 것이다. 그러나 그렇다고 그 깨달음 속에 우리를 좌절하고 절망하게 만드는 무엇이 존재하는 것 역시 아니다. 절망이나 좌절, 그리고 비탄도 세상에 무엇인가 중요한 것이 있다고 믿는 이들에게 나타나는 감정이다. 무엇인가 중요한 것을 성취할 희망이 상실되었다고 생각하는 이에게 절망은 찾아온다. 세상에 아무것도 중요한 것이 없다고 생각하는 이에겐, 세상에 아무것도 도전할 만한 가치가 존재하지 않는다고 생각하는 이에겐 절망도, 좌절도, 비탄도 없다.

유사하게, 삶을 지속하는 것이 아무런 의미나 중요성을 갖지 않는다고 말하는 허무주의자는 삶을 끝내는 것 역시 아무런 의미나 중요성을 갖지 않는다고 말해야 할 것이다. 그런 점에서 마리아 헤르베르트의 말대로 진정 세상이 온통 공허함으로 가득 차 있고 자신의 삶 역시 아무런 가치가 없다고 하더라도, 그녀가 굳이 생을 지속해야 할 이유도 없지만 그렇다고 굳이 생을 마감할 이유도 없다.

허무주의적 세계관을 수용할 때 우리는 곧잘 우리 삶의 의미와 중요성이 허무의 어둠 속으로 연기처럼 사라져버릴 것이라는 이유에서 실존적 불안을 느끼곤 한다. 그러나 이러한 불안은 우리 자신도 그 허무주의적 세계의 일부라는 사실을 망각한 결과로 만들어진 환영일 뿐이다. 중요한 것이 아무것도 없는 허무주의적 세계에서 우리 삶의 의미와 중요성이 영원히 사라진다는 사실 자체도 중요하지 않을 것이기 때문이다. 그런 점에서 허무주의적 세계관에는 절망과 비탄을 정당화할 만큼의 상실도, 자살을 정당화할 만큼의 비극도 존재하지 않는다.

이번 장을 요약하면 이렇다. 카뮈는 삶의 의미와 중요성을 갈망하는 인간의 본능적 충동과 그러한 갈망에 아무런 응답을 주지 않는 허무주의적 세계 사이의 충돌로 부조리를 정의하였다. 그러나 중요한 것이 아무것도 없는 허무주의적 세계에서 인간의 부조리가 과연 진정한 비극인지에 대하여 의문을 제기할 수 있다. 그리고 그러한 의문을 제기할 수 있는 한에서 부조리에 대하여 영웅주의적 반항으로 대처하라는 카뮈의 주문은 과도한 자기 연민의 산물이라 비판받을 수 있다. 진정한 비극은 삶의 의미와 중요성에 대한 우리의 갈망에 대하여 세계가 아무런 응답을 주지 않을 것이라는 **우리의 믿음**에서 온다. 허무주의적 세계관은 이러한 믿음을 유발하는데, 스위스 교환 학생의 일화나 마리아 헤르베르트의 일화는 그것이 우리를 인생의 방향을 잃어버린 비극적 염세주의자로 만들 수 있다는 것을 잘 보여준다. 그러나 나는 허무주의적 세계관이 지닌 이런 비극성 역시 사고의 혼돈에서 발생했을 가능성을 지적하였다. 삶의 의미, 정당성, 이해 가능성에 대한 우리의 갈망조차도 허무주의적 세계의 일부라는 것을 인식할 때 허무주의적 세계관의 비극성은 환영에 불과하다는 것이 드러나기 때문이다.

부조리와 극적 아이러니

부조리와 극적 아이러니

앞서 우리는 카뮈에게 인간의 부조리는 자신의 존재 의미에 대한 노스탤지어적인 갈망과 그런 갈망에 대하여 침묵으로 일관하는 세계 사이의 충돌에서 기인한다는 것을 알 수 있었다. 다음 장에서 소개할 토머스 네이글은 인간의 부조리를 카뮈와 다른 방식으로 설명하는데, 그의 견해를 본격적으로 논의하기 이전에 일상적인 부조리 개념에 대해서 잠시 사색해 보기로 하자.

한국어 '부조리'는 불어 'absurde' 혹은 영어 'absurd'의 번역어이고, 그것은 어원학적으로 라틴어 'absurdus'에서 유래한다. 라틴어에서 'absurdus'는 아주 명백한 엉터리, 불합리, 부조화 등을 뜻하는 표현이다. KBS의 방송 프로그램 〈개그콘서트〉에서 한때 큰 인기를 모았던 〈비상대책위원회〉라는 코너를 통해서 일상적 부조리 개념을 설명해 보기로 하자. 경찰특공대 요원으로 분한 개그맨 송병철이 비상대책위원회에 10분 안에 긴급히 해결해야 하는 비상사건을 브리핑하면서 코너의 시작을 알린다. 송병철의 브리핑에 이어서 곧 치안감으로 분한 개그맨 김원효, 육군 소장으로 분한 개그맨 김준현, 그리고 대통령으로 분한 개그맨 김준호가 그 사건에 대한 대책을 논의한다. 여기서 웃음의 포인트는 사건을 10분 안에 해결해야 하는 매우 다급한 상황임에도 불구하고, 그래서 비상대책위원회가 소집되었음에도 불구하고, 구성원들이 중언부언이나 잡담 혹은 변명으로 일관하며 시간을 낭비한다는 사실이다. 치안감은 사건을 빨리 해결하지 못하는 이유를 장황하게 열거하며 시간을 허비하고, 대통령이 무대에 등장할 때는 불필요한 국민의례나 축하공연을 연출하며 시간을 허비한다. 일분일초가 아까운 그 순간에 비상대책위원회의 구성원들이 그렇게 시간을 낭비하는 것을 보며 우리는 웃음을 터뜨린다. 그들의 행위가 너무나 부조리하기 때문이다.

여기서 우리가 주의해야 할 점은 우리가 그들의 행위가 단지 불합리하다는 이유만으로 단지 비이성적이라는 이유만으로 웃음 짓는 것이 아니라는 사실이다. 분명 사건을 10분 안에 해결해야 할 비상 상황에서 불필요한 잡담이나 요식행위로 시간을 낭비하는 것은 불합리하지 않을 수 없다. 세상에 존재하는 무수한 불합리와 비이성에 대해 우리는 늘 웃음으로 반응하지는 않는다. 과음 상태에서 운전을 하거나 폐암 환자가 흡연을 하는 것은 매우 불합리적이고 비이성적 행위이지만, 그것은 결코 우리에게 웃음을 유발하지 않는다. 그것은 분명 매우 불합리적이고 비이성적 행위이지만 부조리한 행위는 아니기 때문이다. 그렇다면 부조리란 대체 무엇인가? 다시 〈비상대책위원회〉의 장면을 떠올려보자. 거기서 중요한 웃음의 포인트는 어떤 불일치 혹은 부조화가 존재한다는 사실이다. 10분 이내에 사건이 해결되어야 하는 매우 다급한 상황에서 비상대책위원회가 소집되었고, 그들은 모두 사건을 어떻게 해결할 것인가에 대하여 심각한 대화를 나눈다. 그러나 실제의 상황은 무엇인가? 모두들 주저리주저리 잡담만을 늘어놓으며 시간을 허비하고 있다. 이처럼 비상한 사건을 긴급하게 해결하려는 비대위 위원들의 겉모습과 그들의 실제 행위 사이의 불일치가 나타나고 그것이 우리의 웃음을 자아내는 것이다. 부조리의 핵심에는 겉모습pretense과 실재reality 사이의 불일치incongruity가 있다는 것이다.

유사한 부조리의 구조가 〈개그콘서트〉의 다른 코너들에서도 발견된다. 〈생활의 발견〉이라는 코너에서는 연인으로 분한 개그맨 신보라와 송준근이 나오는데, 그 중 한 사람이 다른 사람에게 아주 진지하게 이별을 통보한다. 겉으로 그들은 오래된 연인 관계를 정리하는, 너무나도 심각한 대화를 나누는 것처럼 보인다. 그러나 그러한 대화는 대개 대화의 심각성과는 어울리지 않는 장소에서 이루어진다. 삼겹살집과 같은 식당말이다. 그뿐만 아니라 그들은 식당에서 주문할 음식을 꼼꼼히 챙기기도 하고 식당 종업원이 식탁에 차려준 음식을 게걸스럽게 먹기도 한다. 그들의 대화가 담고 있는 주제의 심각성과 그 대화가 오가는 장소나 그들의 행위 사이에 우스꽝스러운 부조화가 연출되는 것이다. 여기서도 겉으로 진지한 척하는 그들의 모습과 그 진지함과는 어울리지 않는 실재 사이에 불일치가 발생하고, 그것이 우리의 웃음을 자아내는 부조리를 만들어 내고 있다. 이러한 부조리의 구조는 대다수의 개그 프로그램에서 표준적인 웃음의 코드로 자리잡았다.[1]

이마누엘 칸트(Immanuel Kant 2007, p. 16)는 그의 《판단력 비판Critique of Judgment》에서 웃음에 대한 상세한 이론을 전개하지는 않지만 그럼에도 웃음에 관한 흥미로운 관찰을 제시한다. 칸트에 따르면 폭소는 무엇인가 부조리한 것이 발생할 때 터져 나온다. "웃음은 긴장된 기대가 갑자기 아무것도 아닌 것으로 밝혀질 때 발생하는 작용이다."[21] 여기서 칸트는 우리의 기대와 그 기대를 무화無化하는 실재 사이의 불일치가 어떤 부조리한 상황을 연출하고, 그에 대하여 우리가 웃음으로 반응한다는 것을 말하고 있다. 이러한 칸트의 서술이 앞서 소개한 〈비상대책위원회〉와 〈생활의 발견〉이 만들어 내는 종류의 웃음에 상당히 설득력 있게 적용된다는 것은 흥미롭다. 앞서 나는 그 두 코너의 부조리를 등장인물들의 겉모습과 실재 사이의 불일치를 통하여 설명하였는데, 등장인물들의 진지한 겉모습이 관객들에게 긴장된 기대를 유도한다는 점에서 그 불일치는 칸트식의 무화를 만들어낸다. 등장인물의 겉모습과 실재 사이의 불일치

1 물론 부조리의 구조가 개그 프로그램에서만 나타나는 것은 아니다. 소위 부조리극이라 불리는 예술작품에서도 부조리의 구조가 나타난다. 앞서 카뮈에 대한 논의에서 소개한 《고도를 기다리며》에서도 고도가 오지 않을 것이 명백한 실재와 그런 실재에도 불구하고 고도에 대한 기다림을 멈출 수 없는 블라디미르와 에스트라곤의 겉모습 사이의 불일치는 하나의 부조리를 만들어 낸다.

로 인해 극의 전개에 대한 관객들의 기대가 등장인물들의 실제 행위에 의해 무화되는 효과가 연출된다는 것이다. 이는 정확히 칸트가 서술한 웃음의 발생 조건에 해당한다. 적어도 〈개그콘서트〉의 두 코너가 만들어 내는 종류의 웃음에 대해서는 칸트의 서술이 상당한 설득력을 지닌다는 뜻이다.

물론 웃음에는 다양한 종류가 있다. 대표적으로 남을 조롱하고 비하하는 비웃음이 있고, 자신의 지난한 노력이 모두 수포로 돌아갔을 때 찾아오는 헛웃음이 있으며, 간지러움에서 오는 생리적 웃음도 있다. 위에서 제시한 칸트의 서술이 그 모든 종류의 웃음에 대하여 성립한다는 주장에는 무리가 있다. 그럼에도 나는 칸트의 서술이 철학적으로 상당히 중요한 종류의 웃음에 대하여 흥미로운 통찰을 제공한다고 믿고 있다. 편의를 위해서 칸트가 규정한 바의 웃음을 '해학적 웃음'이라고 부르자.[22] 해학적 웃음에 대해서는 부조리에 대한 네이글의 대응책을 검토하는 맥락에서 다시 상론하게 될 것이다.

지금까지 〈개그콘서트〉의 두 코너를 사례로 사용하여 부조리와 해학적 웃음에 대해 설명했는데, 우리 일상에서도 유사한 사례를 어렵지 않게 발견할 수 있다. 방송사 기자가 진지하게 폭설에 대하여 리포트하는 상황에서 기자 자신의 얼굴이 눈발에 가려져 말을 잇지 못한다든지 혹은 엄숙한 예식이 벌어지고 있는 상황에서 바람이 불면서 참석자의 가발이 벗겨진다든지 영어를 배우는 사람이 영어 서류를 읽으려 노력하지만 사실은 위와 아래가 뒤집힌 서류를 보고 있다든지. 이것들은 모두 행위자가 겉으로 보여주는 모습과 그 겉모습과는 전혀 어울리지 않는 실재 사이에 충돌이 발생하는 부조리한 상황이고, 또한 해학적 웃음을 유발한다. 우리 자신이 부조리한 상황에 빠지고 나아가 그 부조리함을 우리가 인식하게 될 때, 우리는 대개 부조리로부터 벗어나기 위하여 최선을 다한다. 엄숙한 예식에서 바람이 불어 나의 가발이 벗겨지는 경우 나는 얼른 가발을 바로잡으며 기존의 엄숙함을 이어간다. 마찬가지로 내가 영어로 된 서류를 위와 아래가 뒤집힌 상태로 보고 있다는 사실을 인식하는 순간 나는 급하게 영어 서류의 방향을 바꿀 것이다. 이렇듯 일상에서 부조리가 발생하는 경우 우리는 겉모습과 실재 사이의 불일치를 해소함으로써 부조리에서 벗어나기 위해 노력한다.

그렇다면 〈비상대책위원회〉나 〈생활의 발견〉의 등장인물들은 왜 그들이 처한 부조리한 상황에서 벗어나려 노력하지 않을까? 그것은 자신들이 부조리한 상황에 빠져 있다는 것을 그들 자신이 인식하지 못하기 때문이다. 〈비상대책위원회〉의 극중에서 치안감이나 육군소장은 자신들의 잡담이나 허튼소리가 비상한 상황에서 시간을 허비하는 결과를 가져오고, 그래서 그들의 행위가 부조리한 상황을 연출한다는 것을 의식하지 못한다. 마찬가지로 〈생활의 발견〉의 두 연인은 자신들의 대화가 갖는 진지함과 자신들의 행위 사이에 부조리한 불일치가 존재한다는 사실을 깨닫지 못한다. 관객에게는 그러한 불일치가 너무나 명증함에도 불구하고 말이다. 이처럼 관객들에게 명증하게 인식되는 부조리의 구조가 극중의 인물들에게 인식되지 못하는 것은 '극적 아이러니dramatic irony'라 불리는 공연예술 기법의 한 사례이다.

아이러니는 언어의 표면적인 의미와 실질적인 의미 사이의 괴리를 만들어 내는 수사학적인 기교이다. 가령 회사의 상사가 어리숙한 부하 직원의 실수를 두고 "참 잘~한다"라고 말했다면, 그 상사의 말은 아이러니에 해당한다. 그 말이 표면적으로 뜻하는 바는 부하 직원을 칭찬하는 것이지만, 실제로 상사가 의도한 바는 부하 직원을 비아냥거리며 질책하는 것이기 때문이다. 이러한 아이러니가 연극이나 영화와 같은 공연 예술에서 관객의 긴장감이나 위기감을 고조시키거나 혹은 등장인물에 대한 관객의 동정과 이해를 고취하려는 목적으로 채택된 것을 '극적 아이러니'라고 하는데, 그것은 그 기원이 고대 그리스의 비극으로까지 거슬러 올라가는 상당히 오래된 공연예술 기법이다.[23]

극적 아이러니의 핵심은 극중 등장인물들이 전혀 인지하지 못하는 정보를 관객들에게 제공하는 것이다. 극중 등장인물과 관객 사이에 **정보의 차이**가 발생한다는 것이다. 그러한 정보의 차이는 극중 등장인물들의 행위나 발화가 자기 자신들에게 의미하는 바와 관객들에게 의미하는 바 사이에 간극을 만들어

내고, 그것이 극의 긴장감을 높이는 효과를 창출한다. 가령 셰익스피어의 《로미오와 줄리엣Romeo and Julliet》의 클라이맥스에 해당하는 장면을 떠올려 보자. 줄리엣은 패리스 백작과의 강제 결혼을 피하기 위하여 잠시 동안 자신을 가사 상태death-like coma에 빠지게 하는 비약을 복용한다. 곧 로미오는 죽은 사람처럼 누워있는 줄리엣을 발견하는데, 자세한 내막을 모르는 로미오는 줄리엣이 죽은 줄로만 알고 사랑하는 이를 잃은 슬픔에 빠져 독약을 먹고 생을 마감한다. 여기서 우리가 주목해야 할 점은 줄리엣이 정말 죽은 것이 아니라 가사 상태에 빠져 있다는 정보를 관객들은 가지고 있다는 점이다. 즉, 로미오와 관객들 사이에 정보 격차가 존재하는 것이다. 그리고 이러한 정보 격차는 사랑하는 연인을 잃었다는 생각으로 절망에 빠진 로미오의 다음 선택에 관객들이 긴장감을 잃지 않고 집중하게 만드는 효과를 갖는다. 이처럼 극중의 등장인물과 관객 사이의 정보 격차를 발생시키고, 그를 통하여 극에 대한 관객의 몰입을 극대화하는 공연 예술 기법이 바로 극적 아이러니이다.

〈개그콘서트〉의 〈비상대책위원회〉나 〈생활의 발견〉에서 극적 아이러니가 활용된다는 사실은 자명하다. 앞서 설명한 바와 같이 그 코너에서 등장인물들은 그들이 대화하는 주제의 진지함, 엄숙함과 그들의 실제 행위 사이의 불일치에서 비롯된 **부조리를 전혀 인식하지 못한다**. 관객들에게는 너무나 자명하여 폭소를 유발하는 그 부조리를 그들은 인지하지 못한다는 것이다. 이는 등장인물과 관객들 사이의 정보 격차를 활용하여 극의 효과를 극대화하는 극적 아이러니의 한 사례라 할 수 있다.

앞서 나는 일상적인 부조리의 상황에서 대개 우리는 그 부조리성을 인식하는 순간 겉모습과 실재 사이의 불일치를 해소함으로써 부조리에서 벗어난다고 지적하였다. 〈비상대책위원회〉나 〈생활의 발견〉의 등장인물들은 자신들이 처해 있는 부조리에서 벗어나려고 어떠한 노력도 하지 않는데 그것은 자신들이 부조리한 상황에 처해 있다는 것을 그들 스스로 전혀 인지하지 못하기 때문이다. 한편 관객들은 극중 인물들의 부조리를 자명하게 인지한다. 그뿐 아니라 관객들은 극중 인물들이 그 부조리를 전혀 인식하지 못한다는 것도, 그래서 그들이 그 부조리에서 결코 빠져나오지 못한다는 것도 인지한다. 흥미로운 점은 그러한 극중 등장인물들의 상황에 대한 관객들의 반응이다. 관객들은 벗어날 수 없는 부조리에 처한 극중의 등장인물들에 대하여 연민의 눈길을 보내지 않는다. 비웃으며 조롱하지도 않는다. 단지 그 부조리를 하나의 아이러니로 받아들이면서 한바탕 웃을 뿐이다. 어쩌면 그렇게 한바탕 웃는 것이 도대체 벗어날 방도가 없는 부조리에 빠져 있는 존재에 대하여 우리가 취할 수 있는 최선의 태도인지도 모를 일이다.

토머스 네이글의

영원의 관점

토머스 네이글의 '영원의 관점*sub specie aeternitatis*'

카뮈가 최초로 발견한 '인간의 부조리'라는 관념은 이후 미국의 저명한 철학자 토머스 네이글에 의해서 더욱 심도 있게 탐구된다. 네이글은 1971년 그의 기념비적 논문 〈부조리The Absurd〉를 철학 학술지 《*Journal of Philosophy*》에 발표하는데, 거기서 그는 인간의 부조리에 대한 올바른 분석을 위해서는 인간 내에 존재하는 두 가지 서로 다른 관점을 구분해야 한다고 조언한다. 그 한 관점은 일인칭적, 주관적, 실천가적, 행위자적 관점이고 다른 한 관점은 네이글이 '영원의 관점*sub specie aeternitatis*' 혹은 '무관점의 관점the view from nowhere'이라고 명명한, 삼인칭적, 객관적, 이론가적, 관찰자적 관점이다. 첫 번째 관점은 자기 자신에 대한 반성적 성찰 없이 삶에 깊숙이 몰입하는 관점이다. 일상에서 우리는 대개 이런 일인칭적, 주관적, 실천가적, 행위자적 관점에서 우리의 생명, 건강, 직장, 가족 등에 그 무엇과도 비교할 수 없는 중요성과 의미를 부여하며 지극한 진지함으로 그들을 보살핀다. 하지만 우리가 호기심 어린 눈으로 모래 위를 부지런히 움직이는 개미를 유심히 관찰할 때의 시선, 그런 무심하고 냉정한 삼인칭적 관찰자 혹은 방관자의 시선으로 어떤 대상을 바라볼 수도 있다. 과학자가 탐구의 대상을 이론가의 입장에서 관찰할 때 이런 관점을 취한다.

이때 한 가지 흥미로운 사실은 우리가 **우리 자신을** 영원의 관점(삼인칭적, 객관적, 방관자적 관점)에서 바라볼 수도 있다는 것이다. 대개 일상에서 우리는 일인칭적, 주관적, 실천가적 관점에서 우리 자신을 바라보지만, 가끔은 우리 자신에 대하여 영원의 관점을 취하기도 한다는 것이다. 존 쿠삭John Cusack과 카메론 디아즈Cameron Diaz가 주연한 1999년의 영화 《존 말코비치 되기Being John Malcovich》는 이 영원의 관점을 기발한 아이디어로 영상화하고 있다. 존 쿠삭이 분한 한 신입사원이 회사 사무실의 모퉁이에 커다란 구멍이 있다는 것을 발견한다. 그런데 그 구멍은 사실 존 말코비치라는 유명한 배우의 마음속으로 들어가는 통로였다. 누군가 그 통로로 들어가면 존 말코비치의 모든 심리적 경험을 공유하게 된다. 존 말코비치가 어떤 감각적인 경험을 하면 그도 동일한 감각적인 경험을 하게 되고, 존 말코비치가 슬픔이나 기쁨과 같은 감정을 경험하면 그도 정확히 동일한 감정을 경험하며, 존 말코비치가 어떤 기억을 떠올리면 그도 정확히 동일한 기억을 떠올린다. 그러나 존 말코비치 자신과 존 말코비치의 마음속으로 들어간 신입사원 사이에는 중요한 차이가 존재한다. 존 말코비치 자신과 달리 존 말코비치의 마음속으로 들어간 신입사원은 언제나 존 말코비치로부터 한발 뒤로 물러나서 삼인칭적, 객관적, 관찰자적 관점에서 존 말코비치를 바라본다. 존 말코비치와 모든 심리적 경험을 공유하지만 그럼에도 그는 존 말코비치로부터 어느 정도 심리적인 거리를 둔 지점에서 그를 객관화하는 관찰자의 시각에서 응시한다는 것이다. 만약 네이글이 의도하는 '영원의 관점'을 시각화한다면 그 신입사원의 관점, 즉 존 말코비치의 마음속에 들어가 말코비치를 객관적인 관찰자의 눈으로 바라보는 신입사원의 관점으로 시각화할 수 있을 것이다.

영원의 관점이 무엇인지 쉽게 설명하기 위하여 영화《존 말코비치 되기》의 사례를 활용하기는 했지만, 사실 영원의 관점은 우리에게 아주 익숙한 관점이다. 우리는 대개 일인칭적, 주관적, 실천가적 관점에서 삶의 일상에 깊숙이 몰입해서 살아가지만 아주 가끔은 삶의 일상에서 '한 걸음 뒤로 물러남backward step'을 통하여 우리 자신을 성찰하고 반추할 때가 있다. "나에게 이 모든 것들의 의미란 무엇인가?"라고 자문하는 순간이다. 카뮈(1975 p. 19)의 표현을 빌리면, "어느 순간 '왜'라는 질문이 떠오르고", 그것은 우리를 "자기의식의 충동"으로 이끈다. 그 순간 우리는 일상에서 한 걸음 뒤로 물러나 우리 자신을 객관화하는 관찰자의 시선을 갖게 된다. 마치 존 말코비치의 마음속으로 들어간 신입사원이 존 말코비치를 호기심 가득찬 관찰자의 시선으로 바라보는 것과 마찬가지로 말이다.

네이글의 견해에서 일인칭적, 주관적, 행위자적 관점과 삼인칭적, 객관적, 관찰자적 관점의 구분이 중요한 것은 우리가 우리 자신에 대하여 그 두 관점 중 어느 관점을 채택하느냐에 따라서 일상 활동에 대한 정당화의 필요성이 판이하게 달라지기 때문이다. 우리가 우리 자신에 대하여 일인칭적, 주관적,

행위자적 관점을 취할 때 우리의 생명, 건강, 직장 등의 중요성은 아무런 정당화가 요구되지 않는 자명한 것으로 주어진다. 이 관점에서 우리 삶의 조각들은 하나의 완전하고 정합적인 서사를 갖는 스토리를 만들어 내고, 그 스토리는 우리 자신에게 더 없이 명증하게 이해된다. 그런 이유로 우리는 삶의 이유나 목적에 대하여 어떠한 질문이나 의심도 없이 한없는 진지함으로 삶의 매 순간에 임할 수 있게 된다.

앞서 나는 카뮈의 부조리 개념을 소개하며 그것을 삶에 대한 정당성의 부재, 목적의 부재, 의미의 부재라는 실재와 그러한 정당성, 목적, 의미를 갈망하는 인간의 본능적 충동 사이의 충돌로 설명하였다. 그처럼 삶에 대한 정당성, 목적, 의미가 부재한 것은 우리가 그들을 궁구할 때면 언제나 무한퇴행에 빠질 수밖에 없다는 사실에서 연유한다. "왜 회사를 다녀야 하지요?"라는 질문에 대하여 "돈을 벌어야 하니까요"라고 답하면, 그것은 다시 "왜 돈을 벌어야 하지요?"라는 질문을 불러일으킨다. 그렇게 질문과 답변이 무한히 반복되면서 일상을 정당화하려는 우리의 시도는 결국에는 수포로 돌아가고 만다. 그리고 이러한 무한퇴행에서 벗어나지 못하는 한 우리 삶에는 어떤 의미도, 이유도, 목적도 없다는 것을 인정할 수밖에 없고, 그것은 우리를 부조리라는 근본적인 인간 조건과 대면하게 만든다.

그런데 이 지점에서 네이글은 일인칭적, 주관적, 행위자적 관점에서는 앞서 언급한 종류의 무한퇴행이 발생하지 않는다고 강조한다. 그 관점에서 "왜 당신은 삶을 지속해야 하지요?"와 같은 질문들은 애초 대답할 필요조차 없는 질문이다. 왜냐하면 그 관점에서 우리가 삶을 지속해야 한다는 것은 **그 자체로 정당화되는, 아무런 부가적 정당화가 필요 없는 사실**이기 때문이다. 마찬가지로 일인칭적, 주관적, 행위자적 관점에서 "왜 아이스크림을 먹지요?"라는 질문에 대하여 "맛있으니까요."라는 답변은 그 자체로 충분한 답변이고, "왜 진통제를 복용하지요?"라는 질문에 대하여 "고통을 피하고 싶으니까요."라는 답변은 그 자체로 충분한 답변이다. 각 답변에 대하여 부가적인 정당화가 필요 없고, 그렇기에 그들은 정당화의 무한퇴행을 촉발하지 않는다는 것이 네이글의 주장이다. 이처럼 네이글은 일인칭적 관점에서 설혹 일부 부가적인 정당화가 요구되는 활동이 존재하고 그 활동에 대한 정당화의 시도가 때때로 정당화의 연쇄를 만들기도 하지만, 그 연쇄는 무한퇴행으로 이어지지 않는다고 본다. 그 연쇄는 곧 더 이상 정당화가 필요치 않는 단계에서 매듭지어질 수 있기 때문이다.

이러한 일인칭적, 주관적, 실천가적 관점과 대비되는 것이 삼인칭적, 객관적, 관찰자적 관점, 즉 영원의 관점이다. 첫 번째 관점이 삶의 일선에 깊숙이 개입된 관점이라면 두 번째 관점은 삶의 일선에서 한 걸음 뒤로 물러남을 통하여 우리 자신을 객관화하는 관점이다. 우리가 우리 자신을 이러한 영원의 관점에서 응시할 때 우리는 드넓은 우주, 영겁의 시간 속에 잠시 존재하다 사라지는 지극히 사소하고 우연적인 미물로 느껴지고, 아울러 우리가 일인칭적, 주관적, 행위자적 관점에서 우리 자신에게 부여하던, 만물의 중심으로서의 그리고 의미의 원천으로서의 중요성이 돌연 연기처럼 사라지는 것을 경험한다. 이러한 경험을 네이글(1986, p. 209)은 다음과 같이 절묘하게 묘사한다. "저 멀리서 볼 때 나의 탄생은 우연적이었고, 나의 삶에는 아무 이유가 없으며, 나의 죽음은 지극히 사소해 보인다. 그러나 나의 내면의 관점에서 내가 태어나지 않는다는 것은 상상하기조차 불가능하고, 나의 삶은 세상 그 무엇보다 중요하며, 나의 죽음은 세상에서 가장 파국적인 사건에 다름 아니다."[24]

앞서 나는 네이글의 견해에 따르면 일인칭적, 주관적, 실천가적 관점에서 "왜 당신이 죽을 수 없지요?"와 같은 근원적 질문들은 대답할 필요가 없는 질문이라고 지적한 바 있다. 그런데 **영원의 관점에서** 내가 삶을 지속해야 한다는 당위는 더 이상 그 자체로 정당화되는 자명한 진리가 되지 못한다. 영원의 관점에서는 모든 것을 의심할 수 있고 또 회의할 수 있기 때문이다. 그렇기에 그 관점에서 "내가 왜 삶을 지속해야 하는가?"와 같은 삶의 근원적 질문들은 지극히 합당한 질문으로 다시금 우리의 답변을 고대하고, 그렇게 삶에 대한 객관적 정당화를 요구하며 앞서 언급했던 정당화의 무한퇴행을 촉발한다. 그리고 그 속에서 우리의 삶은 의미와 무의미 사이의 경계를 배회하게 된다. 일인칭적, 주관적, 행위자적 관점에서는 공고한 토대 위에 정합적인 시스템을 구축하던 삶의 정당성은 그 뿌리부터 흔들리고, 결국에는 정당성의 부재, 이유의 부재, 이해가능성의 부재와 같은 회의주의적 파국이 우리의 삶에 짙은 그림자를 드리운다는 것이다. 이것이 바로 네이글이 뜻한 바의 영원의 관점이다.

네이글의 영원의 관점이 우리의 모든 활동들을 임의적인 것으로 간주하며 그들의 정당성을 회의하고 의심할 수 있는 가능성을 제공하지만, 그럼에도 그것이 3장에서 소개한 바의 **허무주의를 함축하지 않는다는** 사실은 아주 중요하다. 먼저 회의주의와 허무주의를 명확하게 구분하자. 일상의 활동들에 대한 회의주의는 그 활동들의 정당성에 대해서 알 수 없다는 논제인 반면에 그에 대한 허무주의는 그 활동들이 아무런 정당성도 지니지 못한다는, 그들이 무가치하다는 논제이다.

회의주의자가 허무주의자가 될 수 없음은 분명하다. 왜냐하면 회의주의자는 중요한 것은 아무것도 없다는 허무주의 논제가 어떻게 정당화될 수 있는지에 대해 회의할 수 있기 때문이다. 일상적 활동에 아무런 정당성이 없다는 허무주의적 주장 자체의 정당성에 대하여 의심하고 회의할 수 있다는 말이다. 유사하게 허무주의자가 회의주의자가 될 수 없다는 것도 자명하다. 왜냐하면 허무주의는 일상의 활동들이 아무런 정당성도 지니지 못한다고 믿는 입장이고, 이는 허무주의자들이 그 활동들에 어떤 정당성이 있는지에 대한 '회의'에서 벗어났다는 것을 의미하기 때문이다. 허무주의자들은 일상적 활동의 정당성에 대하여 회의하기보다는 그들의 정당성을 부정한다는 이들이다. 이런 점에서 허무주의자들이 회의주의자가 될 수 없고, 또 회의주의자들 역시 허무주의자가 될 수 없다.

이렇게 허무주의와 회의주의를 명료하게 구분할 때, 카뮈는 일상적 활동에 대한 **우리의 정당화 시도가 무한퇴행으로 빠지는 원인을 근대 과학이 발견한 허무주의적 세계에서 찾았다.** 아무것도 중요한 것이 없는 세계, 물체들이 아무런 목적도 정당성도 없이 자연법칙을 기계적으로 따르는 허무주의적 세계에서 우리의 삶을 정당화하기 위한 시도는 언제나 실패할 수밖에 없다는 것이다. 그로부터 카뮈는 인생의 무의미를 이끌어 냈고, 그것을 삶의 의미, 목적, 정당성에 대한 인간의 간절한 갈망과 대비하며 '부조리'라는 관념을 창안하였다.

한편 네이글의 견해에서 우리가 우리 자신에 대하여 영원의 관점을 취함으로써 도달하게 되는 입장은 **허무주의가 아니라 회의주의이다.** 네이글에게서 영원의 관점은 우리가 일인칭적, 주관적, 행위자적 관점에서 극진한 의미와 중요성을 부여하는 모든 것들에 대하여 의심하고 회의할 수 있는 관점이다. 그와 같은 전면적 의심과 회의를 가능하게 한다는 점에서 영원의 관점은 회의주의를 잉태한다. 그러나 그것은 허무주의를 잉태하지는 않는다. 왜냐하면 누군가 "우리의 삶에는 아무런 가치가 없다"는 허무주의적 주장을 내세운다면, 그 허무주의적 주장조차도 의심하고 회의할 수 있는 관점이 영원의 관점이기 때문이다.

이 논점은 네이글의 부조리 개념을 이해함에 있어서 상당히 중요한 것이기에 많은 네이글 해석가들에 의해 강조되었다. 그 논점을 가장 명시적으로 제시한 스티븐 루퍼포이(Steven Luper-Foy 1992, pp. 86-87)의 말을 직접 들어보자.[25]

> 네이글은 영원의 관점이 "정말로 중요한 것이 무엇인지 알려주고, 그런 중요한 것들과 비교해서 우리의 삶이 중요하지 않다는 것을 알려주는 것은 아니라고" 덧붙였다. 네이글은 우리가 실재에서 어떤 것도 중요하지 않다고 생각하지는 말아야 한다고 본다. [네이글의 견해에서 우리가 허무주의를 받아들이지는 말아야 한다는 것이다.] 대신에 영원의 관점에서 우리의 삶을 보았을 때, 우리는 세상에 중요한 것이 있다고 볼 어떠한 이유나 근거도 없다는 것을 알게 된다는 것이 네이글의 생각이다. 영원의 관점에서는 우리의 정당화 시스템 자체가 정당화될 수 없다. 따라서 영원의 관점에서 우리는 정당화 시스템에 의존함으로써 진지하게 고려되는 모든 것을 의심할 수 있다.[26]

여기서 루퍼포이가 제시하는 네이글 해석은 분명하다. 네이글의 견해는 영원의 관점에서 볼 때 중요한 것은 아무것도 없다는 허무주의가 아니다. 즉, 영원의 관점이 허무주의를 잉태하는 것이 아니라는 말이다. "영원의 관점에서 우리의 정당화 시스템에 의존함으로써 진지하게 고려하는 모든 것을 의심할 수 있다"는 의미에서 영원의 관점은 (허무주의가 아닌) 회의주의를 잉태한다는 것이 네이글의 견해이다.

네이글은 일인칭적, 주관적, 실천가적 관점과 삼인칭적, 객관적, 관찰자적 관점(영원의 관점)을 우리 안에서 충돌하는 두 관점으로 간주한다. 그리고 그는 이 충돌에서 인간 부조리의 근원을 찾는데, 그 자신의 언어로 표현하면 "인간의 부조리는 우리가 우리의 삶에 임하는 지극한 진지함과 우리가 진지한 태도를 취하는 모든 것들에 대하여 의심하고 회의할 수 있는 영속적 가능성 사이의 충돌에서 온다(Nagel 1971, p. 718)."[27] 우리는 대개 일인칭적인 관점에서 우리의 생명에 대하여, 우리의 가족에 대하여, 우리의 장래에 대하여 지극한 진지함으로 삶에 임하지만, 문득 영원의 관점을 취할 때 우리는 언제나 "도대체 왜?"라는 의문을 제기할 수 있고, 또 그에 대한 답변을 의심하고 회의할 수 있다는 말이다.

4장에서 나는 〈개그콘서트〉의 〈비상대책위원회〉 코너의 사례를 통하여 일상적인 부조리 개념을 설명하며 부조리는 비상한 사건을 해결하려는 등장 인물들의 진지한 겉모습과 그들의 실제 행위 사이의 우스꽝스러운 불일치에서 말미암는다고 지적하였다. 단적으로 부조리란 겉모습과 실재 사이의 불일치라는 것이다. 일인칭적, 주관적, 실천가적 관점에서 우리가 삶에 임하는 열의와 진지함이 우리의 겉모습에 해당한다면, 삼인칭적, 객관적, 관찰자적 관점(영원의 관점)에서 우리 삶의 모든 측면에 대하여 의심할 수 있는 가능성은 실재에 해당한다. 이는 인간의 부조리에 대한 네이글의 견해 역시 큰 틀에서 4절에서 소개한 일상적 부조리 개념 안에서 이해될 수 있음을 의미한다.

네이글의 부조리 개념에서 강조점이 일인칭적, 주관적, 행위자적 관점과 영원의 관점이 서로 구분된다는 사실보다는 **인간이라는 하나의 존재가 자기 자신에 대하여** 그 두 구분되는 관점을 **동시에** 취한다는 사실에 놓인다는 점에 유념해야 한다. 그리고 그 사실이 인간성humanity의 본성을 포착한다는 점 역시 유념해야 한다. 인간이란 일인칭적, 주관적, 행위자적 관점과 영원의 관점의 교차점에서 삶의 의미에 대한 무수한 질문들을, 그에 대한 답을 결코 찾을 수 없다는 것을 너무도 잘 알면서도, 끊임없이 자문하고 또 절망하는 그런 존재라는 것이다. 또한 인생의 목적에 대한 궁극적 정당화가 결코 가능하지 않다는 것을 너무도 잘 알면서도 그 목적을 성취하기 위하여 전력을 다하는 그런 존재라는 것이다.

일인칭적, 주관적, 행위자적 관점에서 삶의 한 걸음 한 걸음 온 정성을 다 바쳐 매진하다가, 문득 영원의 관점이 우리에게 찾아오고 그때 우리는 "이 모든 것의 의미는 무엇일까?"라고 자문한다. 그러나 아무리 자문해 봐도 소용없다. 그에 대한 답변은 결코 우리에게 떠오르지 않는다. 우리가 너무 멍청하거나 어리석기 때문이 아니다. 그에 대한 답변이 우리에게 떠오르지 않는 것은 우리가 애초 그 질문에 대한 답을 찾을 수 없는 종류의 존재이기 때문이다. 이 지점에서 누군가는 만약 그렇다면 그런 질문을 자문할 필요도 없는 것 아니냐고 반문할 수 있을 것이다. 맞다. 대답할 수 없는 질문은 애초 자문할 필요도 없다. 그런데 문제는 일인칭적, 주관적, 행위자적 관점과 영원의 관점의 교차점에 서 있는 인간은 그것이 도무지 대답할 수 없다는 것을 알면서도 문득문득 "나에게 이 모든 것의 의미는 무엇인가?"와 같은 질문들을 자문할 수밖에 없는, 그런 질문들을 자문하고픈 유혹을 도대체 떨칠 수 없는 존재라는 것이다. 일견 더할 나위 없이 절망적인 인간 조건이 아닐 수 없다.

철학적 부조리와 회의주의

철학적 부조리와 회의주의

네이글의 견해를 좀 더 깊이 있게 이해하기 위해서 우리는 어떤 것을 의심한다는 것이 무엇인지에 대해서 잠시 살펴볼 필요가 있다. 아주 진부하긴 하지만 일상적인 의심 개념을 설명하기에는 안성맞춤인 다음의 스토리를 생각해 보자.

> 어떤 잘생긴 얼굴에 좋은 옷을 입은 신사가 자신을 재벌 3세라 소개하며 영희에게 다가와 데이트를 신청한다. 영희는 그 남자와 만남을 가졌는데, 남자가 몇 번의 만남 후부터 자꾸 돈을 빌려달라고 조른다. 그때부터 영희는 그 남자가 정말 재벌 3세인지 의심하기 시작한다.

영희는 왜 상대 남자에 대해서 의심하기 시작했을까? 답은 자명하다. 그 남자가 재벌 3세답게 처신하지 않았기 때문이다. 재벌 3세라면 부유해야 하고, 그러면 돈을 빌려달라고 조르는 일은 없어야 한다는 영희의 믿음 때문이라는 것이다. 이는 그 남자가 재벌 3세라는 것에 대한 **영희의 의심**이 재벌 3세라면 으레 어떻게 처신해야 하는지에 대한 **영희의 확신**에 근거하고 있다는 것을 보여준다. 재벌 3세가 무엇을 의미하는지, 그들이 어떻게 처신하는지에 대하여 영희가 아무런 사전 지식이 없다면 상대 남자가 재벌 3세인지 의심하는 것이 영희에게는 가능하지 않다는 말이다.

영희의 사례는 우리가 어떤 것을 의심하기 위해서는 그 의심의 근거가 되는 믿음 혹은 확신이 있어야 한다는 것을 보여준다. P에 대한 의심이 가능하기 위해서는 그 의심의 근거가 되는 P*에 대한 믿음이 있어야 한다는 것이다. 부인이 밖에서 다른 여자와 바람을 피우지 않았다는 남편의 말을 의심하는 많은 경우 부인은 남편이 바람을 피웠다는 것을 증명할 만한 상당한 증거를 가지고 있다. 이 경우에도 의심은 의심의 근거에 해당하는 믿음 위에서 형성된다. 이는 적어도 일상적인 의심 개념은 언제나 그 의심을 가능하게 하는 확고한 믿음을 전제한다는 것을 의미한다. 아무것도 믿지 않는 사람은 도대체 의심할 수조차도 없다는 말이다. 아무것도 믿지 않는 이에겐 의심의 근거가 될 믿음이 없기 때문이다. "끝이 없는 의심은 의심이 될 수조차 없다A doubt without an end is not even a doubt"는 루트비히 비트겐슈타인(Ludwig Wittgenstein 1969, p. 625)의 수수께끼 같은 말이 이해가 되는 대목이다. 일상적인 의심 개념에 따르면 그러하다는 것이다.

의심이 지니는 이러한 구조는 의심을 어떻게 해소할 수 있는지에 대한 자명한 답변을 제공한다. 의심을 해소하기 위해서는 두 가지의 방법이 가능한데, 그 하나는 의심의 근거가 되는 믿음이 거짓임을 드러내는 것이고, 다른 하나는 의심의 근거가 되는 믿음이 참이라 하더라도 그것이 의심을 정당화하기에는 충분하지 않다는 것을 드러내는 것이다. 예를 들어 영희가 남편이 다른 여자와 바람을 피운다는 의심을 갖게 된 계기가 친구의 전언이었다고 가정해 보자. 남편과 어떤 여자가 대낮에 호텔에 들어가는 것을 봤다고 친구가 영희에게 말해 주었다는 것이다. 여기서 영희가 남편의 외도를 의심하게 된 근거는 남편이 다른 여자와 대낮에 호텔에 들어갔다는 영희의 믿음에 해당한다. 앞서 설명한 바와 같은 이때 그 의심을 해소하기 위해서 두 가지 전략이 가능한데 하나는 그 믿음 자체가 거짓임을 보이는 것(예를 들어 친구가 영희에게 거짓말을 했다거나 친구가 다른 남자를 영희의 남편으로 착각했다)이고 다른 하나는 믿음 자체는 참이지만 그것이 의심을 정당화하지 못한다는 것을 보이는 것(예를 들어 그 호텔에서 중요한 업무 관련 회의가 있었고 남편과 동행했던 여자는 비즈니스 파트너이다)이다. 의심이 의심의 근거에 해당하는 믿음에서 비롯되는 만큼 의심의 해소도 그 믿음 자체를 논파하거나 혹은 그 믿음의 효과를 무력화함으로써 성취될 수 있다는 것이다.

지금까지 일상적인 의심 개념을 살펴보았는데, 그와는 완전히 다른 종류의 의심이 가능하다. 바로 철학적 의심philosophical doubt 혹은, 학술적 용어를 쓰자면, 인식론적 회의주의epistemological skepticism이다. 인식론적 회의주의의 가장 큰 특징은 일상적 의심과 달리 모든 것을 의심하는 것이, 어느 것도 믿지 않는 것이 가능하다는 점이다. 인식론적 회의주의의 이러한 특징을 가장 명료하게 예시한 이가 바로 근대철학의 시조라 불리는 르네 데카르트Rene Descartes이다. 철학에 대해서 별 관심이 없는 이들도 '데카르트'라는 이름은 들어보았을 것이다. 그리고 데카르트의 유명한 명제가 "나는 생각한다, 고로 존재한다Cogito ergo sum"라는 것도 교양인의 상식에 속한다. 그런데 데카르트는 어떻게 이 명제에 도달했을까? 소위 방법적 회의Cartesian scepticism를 통해서이다. 그렇다면 방법적 회의란 무엇인가?

데카르트(2008, p. 25)가 방법적 회의를 전개한 《성찰Meditation》에서 그는 과거 자신이 어떤 것을 참으로 알고 믿었지만 나중에 거짓으로 드러난 경우가 다반사였다고 술회하면서, 확고한 지식 체계의 정립을 위해서는 모든 것을 의심하고 회의한 이후에 가장 명석판명clear and distinct한 제일 명제부터 하나씩 증명을 해 나가는 방식으로 지식 체계를 재구성해야 한다고 설파한다. 사과 박스에 썩은 사과와 온전한 사과가 섞여 있을 때 사과 박스를 온전한 사과로만 채우는 가장 효과적인 방법은 박스에서 사과를 모두 꺼낸 뒤에 썩은 사과를 버리고 온전한 사과만을 사과 박스에 다시 담는 것이다. 마찬가지로 나의 마음속에 거짓된 믿음과 참된 믿음이 혼재되어 있는 경우, 참된 믿음으로만 이루어진 새로운 지식 체계를 확립하는 가장 효과적인 방법은 우선 모든 믿음을 남김 없이 의심하면서 나의 마음을 깨끗이 비우고, 그 다음에 나에게 명석판명하게 증명되는 믿음들만으로 나의 마음을 다시 채우는 것이라고 데카르트(*ibid.*, p. 220)는 강조한다. 이처럼 무오류의 지식체계를 확립하겠다는 목적하에 방법론적으로 자신의 모든 믿음을 회의하는 것을 '방법적 회의'라 부른다. 이러한 방법적 회의를 통해 자신의 마음을 깨끗이 비운 이후에 데카르트가 어떠한 의심의 여지도 없이 지극히 명석판명하다고 여겨 최초로 자신의 마음에 담은 명제가 바로 그의 제일 명제 "나는 생각한다, 고로 존재한다"이다.

앞서 나는 일상적인 의심 개념에 따르면 모종의 믿음을 전제하지 않는 상황에서 의심은 불가능하다고 말한 바 있다. 그러나 데카르트는 그의 방법론적 회의에서 모든 것을 의심하고 회의하는 전략을 채택한다. 이는 그의 의심이나 회의가 일상적인 의미에서의 의심과는 상당히 다른 성격을 갖는다는 것을 뜻한다. 전술한 바와 같이 일상적인 의심은 그 의심의 근거가 되는 믿음 자체를 논파하거나 혹은 그 믿음의 효과를 무력화함으로써 해소될 수 있다. 남편의 외도에 대한 영희의 의심은 그 의심의 근거가 된 친구의 전언이 거짓임을 밝히거나 혹은 친구의 전언이 참이라 하더라도 남편이 외도한 것은 아님을 보임으로써 해소될 수 있다. 그러나 일상적 의심을 해소하는 이러한 전략은 데카르트식의 인식론적 회의주의에는 적용되지 않는다. 왜냐하면 인식론적 회의주의는 모종의 믿음에 의해서 생성되지 않기 때문이다. 모든 것을 의심하고 회의하는,

아무것도 믿지 않는 인식론적 회의주의자에게는 논파하거나 무력화할 믿음이 도무지 남아 있지 않다. 이는 인식론적 회의주의가 일상적 의심과 상당히 상이한 성격을 갖는다는 것을 다시 한번 입증한다.

지금까지 나는 일상적 의심과 인식론적 회의주의를 구분하였고, 그들 각각이 생성되는 구조에 대하여 논의하였다. 이러한 논의가 부조리에 대한 네이글의 견해를 이해함에 있어서 중요한 이유는 그가 영원의 관점을 "우리가 진지하게 여기는 모든 활동들을 임의적인 것으로 간주하고 회의할 수 있는 관점 the perpetual possibility of regarding everything about which we are serious as arbitrary or open to doubt"이라 설명하기 때문이다. 우리 삶의 일선에서 한 발짝 뒤로 물러나 우리가 중요하게 여기는 모든 것들을 의심하고 회의할 수 있는 관점, 그것이 네이글의 영원의 관점인 것이다. 그런데 여기서 '의심'이나 '회의'는 일상적 의심이 아닌 인식론적 회의주의를 가리키는 것으로 이해되어야 한다. 영원의 관점에서 우리는 일인칭적, 주관적, 행위자적 관점에서 우리가 정합적이고 체계적인 것으로 당연시하던, 삶의 활동들에 대한 **정당화의 시스템 전체를 전면적으로 회의하게** 되기 때문이다. 왜 진통제를 복용해야 하는지 혹은 왜 두통을 완화해야 하는지에 대한 질문뿐만 아니라 두통을 완화하기 위하여 왜 하필 진통제를 먹어야 하는가라는 질문도 제기될 수 있다. 더불어 그러한 질문들을 왜 물어야 하는지에 대해서도 질문이 제기될 수 있다. 어떤 활동(진통제 복용)의 정당성에 대한 질문뿐만 아니라 그 활동과 그 활동의 목적(고통의 완화) 사이의 정당화 관계에 대해서도, 그런 정당화의 필요성에 대해서도 질문이 제기될 수 있다는 것이다. 그뿐만 아니라 그 각각의 질문들에 대한 답변이 주어질 때, 그 답변들의 정당성에 대해서도 마찬가지로 의문이 제기될 수 있다. 바로 이런 의미에서 영원의 관점이 촉발하는 회의와 의심은 우리 삶의 활동들에 대한 정당화의 시스템 전체에 대한 전면적인 회의와 의심이다. 이는 영원의 관점에서 우리가 마주하는 것은 일상적 의심이 아닌, 그보다 한층 근본적인 인식론적 회의주의라는 것을 의미한다. 네이글의 견해에서 철학적 부조리의 핵심에는 우리 삶의 모든 활동에 대하여 의심하고 회의하는 것이 가능한 영원의 관점이, 그리고 그 관점 속에는 철학적 의심 혹은 인식론적 회의주의가 자리잡고 있다는 것은 아무리 강조해도 지나치지 않다.

부조리한 존재로 살아가기

부조리한 존재로 살아가기

무엇인가에 대한 회의가 촉발되는 것은 그에 대한 정당화의 요구가 채워지지 않을 때이다. 전술한 바와 같이 네이글의 부조리는 일상의 활동들에 지극한 진지함으로 임하는 우리의 일인칭적 주관적 관점과, 그러한 활동들을 임의적으로 간주하고 회의하는 것이 언제나 가능한 영원의 관점 사이의 충돌에서 말미암는다. 이는 네이글의 견해에서 영원의 관점은 일상의 활동들에 대한 정당화의 요구가 채워지지 않는 관점이라는 것을 뜻한다. 결국 네이글의 부조리 개념 역시 카뮈의 부조리 개념과 유사하게 그 근저에는 우리 삶에 대한 이유의 부재, 정당성의 부재, 명증한 이해 가능성의 부재가 있다는 것이다.[28]

네이글의 견해에서 인간의 부조리를 만들어 내는 두 관점의 충돌이 진정 숙명적인 것은 우리의 내면에서 그러한 삼인칭적 의심과 회의가 끊임없이 삶의 무의미를 속삭일 때에도 우리는 일인칭적, 주관적, 실천가적 관점에서 자신의 삶에 대하여 한 치의 의심이나 회의도 없는 것인 양 살아갈 수밖에 없다는 사실에 있다. 그렇게 살아갈 수밖에 없는 이유는 우리에게 삶이란 한 순간의 방심도 용납되지 않는, 일인칭적, 주관적, 실천가적 관점에서 그야말로 전력을 다해 살아가야 하는 풀타임 과업 full-time occupation이기 때문이다(Nagel 1971, p. 720). 평범하게 살아간다는 것이 얼마나 힘겨운 일인지, 얼마나 많은 땀과 노력을 필요로 하는지 아는 이들은 이 말을 너무도 잘 이해할 것이다. 평범한 삶이란 '평범한'이라는 단어의 의미가 무색하게 우리의 외모, 건강, 직장, 재산, 성생활, 사회적 지위, 자아성취, 가족의 안녕, 가족이나 친구 혹은 회사 동료와의 인간관계 등에 대하여 극도의 관심과 보살핌을 쉬지 않고 요구한다. 그렇게 영원의 관점에서 내가 소중히 여기는 삶의 모든 요소들이 무가치하고 무의미한 것이 아닐까 의구심을 갖지만 그럼에도 일인칭적, 주관적, 행위자적 관점에서 생의 매 순간 그 모든 요소들의 중요성을 당연한 것으로 여기며 혼신의 힘을 다해 살아가는 것이 바로 평범한 생활인의 삶이라는 것이다.

이처럼 서로 충돌하는 일인칭적, 주관적 관점과 삼인칭적, 객관적 관점이 우리 안에서 서로를 포획하고 있고, 그러한 이유로 우리는 두 관점의 충돌로부터 벗어날 길이 없다. 우리 내면에서 벌어지는 두 관점의 충돌이 우리가 외면하거나 도피할 수 없는, 어쩌면 우리의 숙명과도 같은 인간 조건이라는 것이다. 일인칭적, 주관적, 행위자적 관점과 영원의 관점의 교차점에 못박혀 그 둘의 충돌이 빚어내는 온갖 모순과 역설로부터 도무지 벗어날 길이 없는 상황에서, 그 모든 모순과 역설을 마음 한켠에 담고 묵묵히 다시 일상으로 돌아가 삶의 매 순간 더할 나위 없는 열의와 집념 속에서 살아갈 수밖에 없는 존재, 그것이 바로 우리 인간이라는 말이다. 그렇기에 우리는 타인의 죽음에 대해서는 무덤덤하지만 자신의 죽음에 대해서는 생각하는 것조차 끔찍해 하고, 삶이 더없이 허무하다고 무의미하다고 되뇌지만 동시에 삶의 의미를 간절히 갈구하며, 왜 살아야 하는가라고 자문하지만 그에 대한 답변이 채 주어지기도 전에 이미 생을 위해 발버둥치는 자신을 발견하는 부조리한 존재일 수밖에 없는 것이다.

네이글에게 철학적 부조리를 이루는 한 축은 일상적 활동의 정당성에 대한 인식론적 회의주의를 가능케 하는 영원의 관점이다. 영원의 관점이 일상적 활동의 정당성에 대하여 전면적인 의심과 회의를 가능하게 하고, 그것이 철학적 부조리를 낳는다는 것이다. 인간이 처한 철학적 부조리가 갖는 전술한 바의 숙명적인 특성을 일상적 활동의 정당성이 아닌 다른 주제에 대한 정당성을 회의하는 인식론적 회의주의에서도 유사하게 발견할 수 있다는 사실은 흥미롭다. 영국의 근대철학자 데이비드 흄David Hume은 다양한 철학적 주제에 대하여 회의론적 입장을 피력한 것으로 유명하다. 그는 과거의 축적된 경험으로부터 아직 발생하지 않은 미래의 사건을 예측하는 귀납 추론inductive reasoning이 단지 우리의 오래된 습관에 불과하다고 천명한다. 귀납이 아무런 추론적인 정당성도 지니지 못한다는 것이다. 이와 유사하게 흄은 우리가 시각적 경험으로부터 외부 대상의 실재를 추론하는 자연적 경향을 갖지만 그 역시 결코 타당한 추론이 아니라고 말한다. 마지막으로 하나의 사건이 다른 사건을 야기하는 원인이라는 우리의 인과적 추론 역시 우리가 그 두 사건의 반복적인 연쇄에 오랜 기간 노출된 결과에 불과하다고 강조한다. 군인의 몸에 총알이 관통하여 군인이 사망하는 경우 우리는 총알의 관통이 군인의 사망의 원인이라고 추론하지만, 그러한 인과적 추론 역시 앞서 고려한 추론과 마찬가지로 어떠한 타당성도 없는 습관일 뿐이라고 흄은 주장한다.

그러나 이러한 회의주의는 흄을 일상과의 불화로 몰아넣었다. 흄의 견해에서 귀납적 추론, 외부 대상의 실재에 대한 추론, 인과 추론은 모두 하나같이 아무런 타당성이 없는 추론임에 분명하지만 그럼에도 불구하고 보통의 생활인들은 그러한 추론을 아무런 거리낌없이 사용하고, 더불어 그러한 추론이 그들의 일상에서 상당히 성공적인 것처럼 보이기까지 하기 때문이다. 이는 그 추론들이 (흄 자신의 견해에 따르면) 아무런 타당성을 지니지 못함에도 어떻게 일상에서 그렇게 성공적일 수 있느냐는 문제를 흄에게 제기하였다. 이 골치 아픈 철학적 문제로 흄도 고민이 많았던가 보다. 흄의 명저 《인간본성론A Treaties of Human Nature》의 유명한 문구는 이러한 맥락에서 등장한다.

> 다행히도 이성이 이러한 기운을 쫓아내지 못할 때, 자연이 대신해서 그 기운을 쫓아내고, 나의 철학적 멜랑콜리와 정신 착란을 치료해 준다. 긴장된 마음을 조금 완화해 주거나 혹은 취미 생활

이나 생동감 있는 감각 경험을 가질 때 이 모든 혼돈과 망상은 사라지기 때문이다. 나는 식사를 하고, 게임을 즐기고, 담소를 나누며 친구들과 즐거운 시간을 보낸다. 그렇게 세 시간 혹은 네 시간쯤 놀고 난 후 나는 다시 이 철학적 주제들로 돌아온다. 그때 그 주제들은 너무나 작위적이고 우스꽝스러워 보일 뿐이다. 그 주제들에 대하여 다시 사유하고 싶은 마음이 도대체 들지 않을 만큼(Hume 1978, p. 269).[29]

앞서 지적한 바와 같이 흄은 귀납 추론, 외부 대상의 실재에 대한 추론, 인과 추론 등의 타당성에 대한 회의론적 입론을 옹호하였다. 그러나 외부 대상의 실재를 부정하며 친구들과 담소를 나누는 것이 가능할까? 귀납 추론이나 인과 추론에 의지하지 않고 고스톱, 당구, 다트와 같은 게임을 즐길 수 있을까? 불가능하다. 아무리 책상머리 앞에서 온갖 철학적 논증을 동원하여 다양한 철학적 주제에 대하여 회의하고 의심하는 철학자라 하더라도, 막상 철학적 사유를 벗어나는 순간 그 역시 한 명의 생활인일 수밖에 없다. 한 명의 생활인으로서 마치 그 모든 회의론적 입론들이 일고의 가치도 없는 것인 양, 외부 대상의 실재에 대한 추론이나 귀납, 인과 추론에 의지하여 일상적 삶을 살아가야 한다는 것이다. 그 추론들에는 어떠한 타당성도 없다는 확고한 철학적 신념에도 불구하고 삶의 현장으로 돌아갈 때는 그러한 신념을 완전히 망각한 듯 그 추론들에 전적으로 의지하여 살아갈 수밖에 없는 철학자의 고뇌를 흄의 인용문은 잘 드러내고 있다. 그리고 그 고뇌는 영원의 관점에서 우리 인생의 정당성을 끊임없이 회의하고 의심하지만 그럼에도 불구하고 삶의 현장에서는 그러한 회의나 의심을 완전히 외면하며 살아가는 부조리한 인간의 고뇌와 흡사하다.

지금까지 네이글의 부조리 개념을 간단히 살펴보았는데, 네이글은 부조리에 관한 자신의 견해와 카뮈의 견해를 비교하면서 자신의 견해가 카뮈의 견해보다 더 선호할 만하다고 주장한다. 카뮈는 부조리의 근원을 의미를 열망하는 인간의 본능적 충동과 그런 열망에 대하여 아무런 응답을 주지 않는 세계 사이의 충돌로 이해하였다. 이때 네이글(1971, pp. 721-722)은 카뮈의 견해에 대하여 다음과 같은 비판을 제기한다.

> 카뮈는 삶의 의미에 대한 우리의 갈망이 이 세계에서는 채워질 수 없기 때문에 부조리가 발생한다고《시지프스의 신화 The Myth of Sisyphus》에서 주장한다. 카뮈의 이러한 주장은 세계가 지금과 다른 방식이었다면, 삶의 의미에 대한 우리의 갈망이 채워질 수도 있었다는 것을 함축한다. 하지만 이는 거짓이다. 우리가 삶의 의미에 대하여 불안한 의심을 잠재울 수 있는 세계, 의미에 대한 우리의 갈망이 채워질 수 있는 세계란 상상할 수 없다. 부조리는 우리의 갈망과 세계의 충돌에서 연유하는 것이 아니라 우리 자신 내부에 상존하는 두 관점의 충돌에서 연유한다.

우리의 부조리가 우리의 내면에 존재하는 두 관점 사이의 충돌에서 말미암는 만큼, 그것을 우리와 세계 사이의 충돌로 이해한 카뮈는 틀렸다는 것이 네이글의 진단이다.

카뮈의 견해와 네이글의 견해 사이의 차이를 구체적인 사례를 들어서 좀 더 쉽게 설명해 보기로 하자. 조선시대에 자식이 귀한 종갓집에서 5대 독자로 태어난 어떤 남자 아이 철수를 생각해 보자. 철수가 태어날 때부터 집안의 어른들은 철수를 애지중지 키운다. 그 결과 어느 시점부터 철수는 자신이 세계의 중심이라는 믿음을 가지게 된다. 온 세계가 자신을 중심으로 운행한다는 자기중심적 egocentric 세계관에 빠진 것이다. 아침에 해가 뜨는 것은 자신을 깨우기 위함이고 저녁에 해가 지는 것은 자신을 잠들게 하기 위함이다. 봄에 피는 꽃, 여름의 녹음, 가을의 낙엽, 겨울의 눈 모두 자신을 기쁘고 즐겁게 하기 위하여 자연이 선사한 각양각색의 선물들이다. 이 세계관에서 철수에게 자신의 우주적 중요성과 의미는 너무나 자명하여 어떠한 의문의 여지도 없다. 그러던 철수가 나이가 들어 학교(서당)에 진학한다. 그런데 철수는 곧 학교에서 만난 아이들이 자신을 대하는 태도가 자신의 부모가 자신을 대하는 태도와 매우 다르다는 것을 발견한다. 그 아이들은 철수의 부모와 달리 철수를 금이야 옥이야 돌보지 않는다. 이렇게 철수는 실상 자신이 세계의 중심이 아니라는 현실을, 자신이 학교의 다른 수많은 학생들과 아무런 차이가 없는 그저 평범한 존재라는 현실을 마주하게 된다. 이때 철수는 지금까지 자신이 진리로 신봉하던 자기중심적 세계관과, 그러한 세계관과 판이하게 다른 실재 사이의 충돌을 경험하게 된다.

카뮈의 견해에서 인간의 부조리는 철수가 처한 상황과 상당히 유사하다. 그의 견해에서 부조리는 삶의 의미, 정당화, 이해 가능성에 대한 우리의 갈망과 그러한 갈망에 대하여 아무런 대답도 주지 않으며 비합리적 침묵으로 일관하는 실재 사이의 충돌이라면, 철수가 경험하는 충돌은 자신이 세계의 중심이라는 자기중심적 세계관과 철수가 수많은 평범한 아이들 중 한 명일 뿐이라는 실재 사이의 충돌이다. 이 지점에서 한 가지 사고 실험을 고안해 보자. 우주의 창조주가 있어서 철수를 우주의 진정한 중심으로 삼았다고 가정해 보자. 철수가 학교에서 만난 아이들을 포함해 존재하는 모든 것들이 철수를 금지옥엽처럼 섬긴다고 가정해 보자는 것이다. 진정 철수를 깨우기 위하여 아침에 해가 뜨고 철수를 잠들게 하기 위해 저녁에 해가 진다는 것이다.

그 경우 철수의 자기중심적 세계관과 실재 사이에는 아무런 충돌이 없을 것이고, 그에 따라서 철수의 자기중심적 세계관은 온전히 보존될 수 있을 것이다. 카뮈의 부조리에 대해서도 유사한 결론을 이끌어낼 수 있다는 것이 네이글의 관찰이다. 우주의 창조주가 있어서 삶의 의미, 목적, 이해 가능성에 대한 인간의 본능적인 갈망에 응답하는 상황을 상상해 볼 수 있다.

그 갈망이 실제로 채워질 수 있는 세계에 우리가 존재한다고 상상해 보자는 말이다. 그 경우 카뮈의 부조리는 발생하지 않을 것이다. 왜냐하면 실재 세계가 존재 의미에 대한 인간의 갈망을 채워주기 때문이다. 그러한 갈망과 실재 사이에 충돌이 발생하지 않기 때문이다.

바로 이 지점에서 네이글은 카뮈와 의견을 달리한다. 네이글의 견해에서 부조리란 우리 인간 내에 존재하는 두 가지 상이한 관점의 충돌이고, 그런 점에서 실재 세계가 어떤 모습을 지녔는지는 부조리의 발생과 아무런 관련이 없다. 설혹 어떤 위대한 존재가 있어서 우리에게 우리가 갈망하는 모든 의미와 중요성을 선사한다하더라도, 우리는 영원의 관점에서 그러한 의미와 중요성조차도 임의적인 것으로 간주하며 회의하고 의심할 수 있을 것이기 때문이다. 이처럼 실재 세계의 모습에 따라 인간의 부조리가 해소될 수 있는 가능성을 긍정하느냐 여부가 카뮈의 견해와 네이글의 견해가 갈라지는 중요한 지점으로 기능한다.

부조리에서 탈출하기

부조리에서 탈출하기

그렇다면 네이글의 견해에서 인간의 부조리는 어떻게 해소될 수 있을까? 방금 지적한 바와 같이 네이글의 견해에서 인간의 부조리는 순전히 인간의 내적인 문제이다. 그런 만큼 그 해결책은 우리의 외부가 아닌 우리의 내부에서 모색되어야 할 것이다. 인간의 부조리에 대한 해결 방안으로 가장 먼저 생각해 볼 수 있는 것은 자살이다. 나의 생물학적 생존이 내 안의 부조리가 발생할 전제 조건이라는 인식하에서 그 전제 조건인 나의 생물학적 생을 종결함으로써 부조리를 해소하는 방안이다. 실제로 부조리에 관한 많은 문헌들은 자살에 관한 논의를 포함하고 있다. 카뮈는 "진정으로 엄중한 철학적 문제는 단 하나뿐이고 그것은 자살There is but one truly serious philosophical problem and that is suicide"이라고 말하며 그의 《시지프스의 신화》를 시작한다. 더불어 우리는 앞에서 카뮈가 부조리에 대한 하나의 유력한 해결책으로 자살을 고려한다는 것을 보았다.

앞서 5장에서 나는 우리가 우리 자신에 대하여 네이글의 영원의 관점을 취할 때 도달하는 입장은 허무주의가 아닌 회의주의임을 강조하였다. 네이글의 부조리 개념이 회의주의와 관련될 뿐 허무주의와는 관련이 없다는 논점은 부조리에 대한 해결 방안으로서 자살에 대한 네이글의 입장을 이해함에 있어서 중요하다. 네이글(1971, p. 726)은 부조리를 해소하기 위하여 성급하게 자살을 선택하기 이전에 과연 인간의 부조리가 자살을 정당화할 만큼의 비극적 문제 상황인지에 대해서 숙고할 필요가 있다고 조언한다. 부조리가 진정 우리가 절망하고 한탄해야 할 무엇인지에 대해 의문의 여지가 있다는 것이다.

앞서 3장에서 나는 옥스퍼드의 도덕철학자 헤어의 집에 머문 스위스 교환 학생의 일화와 칸트와의 서신으로 잘 알려진 마리아 폰 헤르베르트의 일화를 언급하며 허무주의적 세계관이 사람들을 곧잘 우울과 절망에 빠지게 만들고 극단적인 경우 자살을 결행하게 만들기도 한다는 것을 지적하였다. 그와 함께 나는 그러한 우울, 절망, 자살이 허무주의적 세계관에 의해 결코 정당화되지 않는다는 것 역시 지적하였다. 우리가 어떤 이유로든 절망하는 것은 무엇인가에 중요성과 가치를 부여하기 때문이다. 세상에 도대체 중요한 것이, 가치로운 것이 없다고 믿는 허무주의자에게 인생의 목표가 있을 리 만무하고, 그런 만큼 절망할 일도 없다. 요컨대 진정 세계에 중요한 것이 아무것도 없다는 허무주의적 세계관이 옳다면 우울할 이유도 없고, 절망할 이유도 없으며, 자살할 이유는 더더욱 없다. 이런 고려하에서 3장에서 나는 허무주의적 세계관의 비극성은 다분히 사고의 혼란에서 비롯된 환영에 불과하다고 결론지었다.

그런데 이와 유사한 결론이 회의주의에 대해서는 한층 명쾌하게 도출된다. 왜냐하면 일상적 활동들에 대한 회의주의란 그 활동의 정당성이나 이유에 대하여 의문을 제기하는 입장으로, 그 속에 어떠한 부정적 가치 평가도 포함하지 않기 때문이다. 물론 우리가 일인칭적, 주관적, 행위자적 관점에서 지극한 열의와 정성으로 보살피는 것들의 의미와 정당성이 확고한 토대 위에 있지 않다는 사실이, 그 의미와 정당성을 언제든 의심하고 회의할 수 있다는 사실이 우리의 삶에 미묘한 색채를 덧붙이는 것을 부인할 수는 없다. 그러나 이하에서 상론하겠지만 네이글은 그 색채를 반드시 우리가 한탄하거나 절망해야 할 삶의 비극적 요소로 간주할 필요가 없다고 강조한다. 우리가 일상적 활동의 의미와 정당성에 회의주의적 눈길을 보낼 수 있는 것은 우리가 우리 자신을 객관적인 관찰자의 시각에서 볼 수 있는 자기초월적 의식을 획득한 덕분인데, 그것을 반드시 부정적으로 볼 필요가 없기 때문이다.

앞서 나는 인간의 부조리에 대한 네이글의 견해에서 부조리는 일인칭적, 주관적, 행위자적 관점과 영원의 관점 사이의 충돌에서 비롯하는데, 우리가 영원의 관점을 취함으로써 도달하게 되는 것은 회의주의임을 강조하였다. 이는 네이글이 제시한 인간의 부조리가 우리의 목숨을 끊어야 할 만큼의 비극적 문제 상황이 아님을 의미한다. 2장에서 나는 카뮈의 견해에서 부조리는 삶의 의미와 중요성을 갈구하는 인간의 본능적 충동과 근대 과학이 제시하는 허무주의적 세계 사이의 충돌에서 말미암는다고 서술한 바 있다. 아울러 나는, 삶의 의미와 중요성을 갈구하는 인간의 본능적 충동에도 불구하고, 자살이 그러한 부조리에 대한 합당한 대응 방안이 되지 못함을 논증하였다. 이러한 고려로부터 따라 나오는 결론은, 카뮈의 방식으로 부조리를 이해하든 아니면 네이글의 방식으로 부조리를 이해하든, 자살은 부조리에 대한 답이 될 수 없다는 것이다.

인간의 부조리에 대한 두 번째 해결 방안은 인간이 자신에 대한 삼인칭적, 객관적, 관찰자적 관점을 포기하는 것이다. 부조리가 그러한 관점과 일인칭적, 주관적, 행위자적 관점 사이의 충돌에서 비롯한 것이라 할 때, 첫 번째 영원의 관점을 포기함으로써 충돌로부터 벗어나자는 것이다. 네이글 자신의 표현을 빌리자면 그것은 "일상적 목적을 열정적으로 추구함으로써 영원의 관점을 취하는 것을 가급적 피하는"[30] 방안이다. 자신에 대한 객관적 삼인칭의 관점을 뒤로하고 오직 일인칭적, 주관적, 실천가적 관점에서 자신의 동물적 본능과 충동에 충실하게 살아가는 것이다. 분명히 이런 삶에서 인간의 부조리는 상당 부분 완화될 것이다. 그러나 네이글은 그것이 과연 인간에게 가능한지에 대하여 의심한다. 네이글(1986, p. 210)의 견해에서 인간이 자기의식적, 자기초월적 능력을 지닌 이상 "객관적 관점은 우리에게 너무나 본질적이어서 자기 자신에 대한 기만 없이 그로부터 탈출하는 것은 가능하지 않기 때문이다."[31]

그뿐만 아니라 자신과 세계에 대한 삼인칭적, 객관적, 관찰자적 관점을 포기하는 것이 설사 가능하다 하더라도, 그것이 바람직한지 여부는 여전히 답변되지 않은 채 남는다. 왜냐하면, 네이글에게 그러한 영원의 관점을 취할 수 있는 능력은 인간성humanity의 본질적 표지와 같은 것이기에, 그것을 포기하는 것은 사실상 인간적 삶을 포기하는 것과 다름없기 때문이다. 그런 점에서 영원의 관점을 포기함으로써 부조리에서 빠져나오려는 시도는 진정한 자살이 아니지만 인간적인 삶을 포기한다는 의미에서의 자살, 카뮈(1975, p. 43)의 표현을 빌리자면, '철학적 자살'인지도 모른다.

철학자 바이런 스토일스(Byron J. Stoyles 2012)는 그의 논문 〈철학적 자살Philosophical Suicide〉에서 철학적 자살을 일상적 활동들에 대한 아무런 정당화가 없는 상황에서 그것들이 유의미한 활동이라고 임의적으로 가정하며 일인칭적, 주관적, 실천가적 관점 속에서 삶을 살아가는 것이라 규정한다. 그러면서 스토일스(*ibid*., p. 84)는 철학적 자살을 옹호하는데 그 핵심 근거는 "비록 나의 욕망과 기획들이 내 삶에 진정으로 의미를 부여하는 것인 양 살아가는 것이 철학적 자살에 해당하겠지만 그럼에도 그것은 또 다른 형태의 자살[스스로 목숨을 끊는 진짜 자살]을 방지한다."[32]는 것이다. 철학적 자살을 취함으로써 목숨을 끊는 육체적 자살을 막을 수 있다는 것이다.

그러나 이러한 스토일스의 주장에는 설득력이 없다. 혹시라도 육체적 자살이 부조리에 대한 효과적인 대응 방안이라고 판명난다면 그의 주장이 일말의 설득력을 지닐지도 모르겠다. 부조리로부터 벗어나기 위한 필사의 노력 끝에 육체적 자살을 선택하려는 이들에게 철학적 자살이라는 차선책이 있다고 조언해 주는 것은 나름의 가치가 있을 것이기 때문이다. 그러나 우리는 앞서 육체적 자살이 부조리에 대한 효과적인 대응 방안이 되지 못한다는 것을 확인하였다. 이처럼 육체적 자살이 애초 부조리에 대한 효과적 대응 방안이 될 수 없다면 굳이 그것을 피하기 위하여 철학적 자살을 선택할 필요도 없다. 그러한 필요성에 근거하여 철학적 자살을 옹호하는 스토일스의 주장이 별다른 설득력을 지니지 못하는 까닭이다. 게다가 이하에서 우리는 부조리에 대한 한층 현실적이고 호소력 있는 대응 방안이 존재한다는 것을 알게 될 것이다. 만일 그와 같다면, 부조리를 극복하기 위하여 육체적 자살을 선택할 필요도 없지만 그렇다고 철학적 자살을 선택할 필요도 없다.

인간의 부조리에 대한 세 번째 해결책은 우리의 일상에 대한 일인칭적, 주관적 관점을 철저히 억누르면서 오직 삼인칭적, 객관적, 관찰자적 관점에 집중하는 것이다. 이 관점에서 나는 어떤 특별한 존재가 아닌 무수히 많은 인간들 중 하나, 아니 이 광대한 우주의 무수히 많은 물체 중의 하나에 불과하다. 그에 따라 나는 나에게 발생하는 고통, 쾌락, 기쁨, 슬픔, 좌절, 고뇌 등에 어떤 특별한 중요성을 부여할 이유나 근거를 상실한다. 그것은 멀고 먼 우주의 가장자리 어느 작은 행성에 잠시 출현했다가 영원히 사라지는 한 이름 모를 생명체에게서 발생하는 고통, 쾌락, 기쁨, 슬픔, 좌절, 고뇌에 내가 특별한 중요성을 부여할 이유나 근거가 없는 것과 같은 이치이다.

인간의 부조리에 대한 이 세 번째 해결책은 삶에 대한 불교의 가르침과 상당 부분 일치한다. 불교의 사상을 형성하는 핵심적인 교리는 크게 두 가지로 정리될 수 있다. 그 하나는 자아는 허구일 뿐이며 실재하지 않는다는 무아사상no self doctrine이고, 다른 하나는 해탈을 통해서 윤회의 사슬을 끊고 열반의 경지에 도달할 수 있다는 열반사상nirvana doctrine이다.[33] 이 중 무아사상은 인간의 부조리에 대한 세 번째 해결책과 사실상 동일하다. 불교의 무아사상은 그 자체로 상당히 방대한 주제이지만, 여기서는 인간의 부조리와 관련된 것만 간단히 소개하기로 하자.[1]

1 월폴라 라훌라(Walpola Rahula 1974, p. 51)가 지적한 바와 같이, 자아가 존재하지 않는다는 무아사상은 동서양의 역사 중 오직 불교에서만 발견되는 독특한 사상이다. 그런 점에서 그것은 동서양의 다른 철학적 전통으로부터 불교철학을 구분할 수 있게 해 주는 가장 명료한 징표라 할 수 있다. 그럼에도 불구하고 일인칭적, 주관적, 행위자적 관점에 매몰되지 말아야 한다는, 영원의 관점을 지속적으로 환기할 필요가 있다는 가르침은 동서양을 막론하고 존재하였다. '당신이 죽는다는 것을 기억하라'는 뜻을 가진 고대 유럽의 라틴어 경구 '메멘토 모리(*Memento Mori*)'가 대표적이다. 그것은 우리 생이 덧없고 무상하다는 것을, 결국에는 허망하게 무로 소멸될 것이라는 것을 상기하게 하는 경구이다. 그것이 일인칭적, 주관적, 행위자적 관점에서 한발 뒤로 물러나 세계와 자기 자신을 영원의 관점에서 바라보는 계기를 우리에게 마련해 준다는 것은 자명하다. 중세 기독교 교단이 자신들의 교리를 설파하는 과정에서 라틴어 경구 '메멘토 모리'를 적극적으로 활용했다는 사실은 흥미롭다. 아마도 현세의 물질적인 만족이나 성취의 공허함과 무상함을 강조함으

앞서 말한 바와 같이 불교의 무아사상은 내가 존재하지 않는다는, 자아가 존재하지 않는다는 철학적 논제이다. 그런데 이 무아사상이 내가 물리적인 의미에서 존재하지 않는다는 것을 말하는 것이 아니라는 점을 유념할 필요가 있다. 무아사상가들도 내 앞의 컴퓨터나 책상과 마찬가지로 내가 어떤 시공간을 점유하며 존재한다는 것은 인정한다. 그렇다면 무아, 즉 "자아가 존재하지 않는다"는 말은 정확히 무엇을 뜻하는가? 내가 지금 두통을 느끼고 있다고 가정하자. 여기서 중요한 질문은 어떻게 그 두통이 타인들의 두통, 가령, 영수의 두통이나 진호의 두통이 아닌 최성호의 두통이 되는가이다. 너무나 당연한 것을 묻는 질문인 것 같지만 찬찬히 음미해 볼 가치가 있는 질문이다. 다시 물어보자. 무엇에 의하여 어떤 두통이 다른 누구도 아닌 나의 두통이 되는가? 이에 대하여 무아사상가들은 지금 내가 경험하는 두통이 나의 두통이 되는 것은 바로 그 두통이 내 의식의 연속체 속에서 발생했기 때문이라고 말한다. 내가 태어나면서부터 지금까지 내 마음속에서 연속적으로 진행되어 온 의식의 흐름 속에서 그 고통이 발생했다는 사실에 의해 그것이 나의 고통이 된다는 말이다.[34] 그런데 이는 나의 일인칭적, 주

로써 그들로부터 우리는 진정한 삶의 의미를 얻을 수 없다는, 기독교의 신이 부여한 목적과 소명에 봉사할 때 비로소 진정한 삶의 의미를 획득할 수 있다는 메시지를 전달하기 위하여 그 경구가 활용된 것으로 보인다. 이에 대해서는 10장에서 좀 더 상세한 논의가 이어질 것이다.

관적, 행위자적 관점 안에서 얼마든지 판단될 수 있는 바이다. 그 관점에서 어떤 고통이 내 의식의 흐름 속에서 발생하는 것이 관찰되면 그것은 나의 고통이 되는 것이다.

쉽게 말하자면 이렇다. 나에게 속하는 의식의 연속체가 존재하고, 영수에게 속하는 의식의 연속체가 존재하고, 진호에게 속하는 의식의 연속체가 존재한다. 그리고 어떤 특정한 고통이 누구의 고통이냐는 그 고통이 누구에게 속하는 의식의 연속체에서 발생했느냐에 의해 결정된다. 그 고통이 누구의 의식의 연속체 속에서 발생했느냐에 따라서 그 고통의 '주인'이 결정된다는 것이다. 그런데 이러한 답변은 **나에게 속하는** 의식의 연속체, **영수에게 속하는** 의식의 연속체, **진호에게 속하는** 의식의 연속체 등과 같은 것을 전제하고 있다. 그런데 이 전제가 또 다른 질문을 불러 일으킨다는 불만의 목소리가 나올 수 있다. 도대체 '나에게 속하는 의식의 연속체'와 같은 표현에서 '속한다'는 것은 무엇을 의미하느냐는 것이다.

나의 마음속에서 진행된 의식적 흐름의 연속체가 나에게 속한다고 말할 때, 그 말의 정확한 의미는 무엇일까? 논의의 편의를 위해, 내가 태어나면서부터 지금까지 내 마음속에서 진행된 의식의 연속적 흐름이 있을 때 그 흐름의 총체 P를 고려해 보자. 내 마음속에서 등장하는 감각, 느낌, 감정, 믿음, 기억, 욕구 등으로 채워진 의식적 흐름의 총체 P를 고려해 보자는 말이다. 그때 P가 나에게 귀속될 수 있는 근거가 무엇이가? 왜 P가 다른 누구도 아닌 나의 의식적 흐름이 되느냐는 말이다.

이에 대하여 많은 이들은 '나'로 표현되는 어떤 고정된 자아가 있고, 그 자아가 의식적 흐름(감각, 감정, 믿음 등)을 경험하기 때문이라고 말할 것이다. 의식적 흐름의 총체 P 너머에 어떤 자아 S가 존재하고, 그 자아 S가 그러한 의식적 흐름을 경험하기 때문에 P가 S에게 귀속된다는, S가 의식적 흐름 P의 '주인'이라는 생각은 너무도 자명하여 굳이 말할 필요조차도 없는 상식처럼 들리기까지 한다. 그러나 무아사상가들은 이러한 우리의 상식이 완전히 틀렸다고 주장한다. P 너머에 지속성을 갖는 어떤 실체적 자아란 존재하지 않는다는 것이다. 이러한 논점을 가장 명증하게 제시하는 조엘 크루거(Joel W. Krueger 2011, p. 33)의 말을 들어보자.

> 자기의식 svasamvedana이란 개인이 자신의 의식적 흐름에 대하여 갖는 현상적으로 연속적인 일인칭적 관점이다. 그러나 우리의 의식에서 핵심을 이루는 이 일인칭적 관점은 그 자체로 자아가 아니다. 그것은 단지 의식의 흐름일 뿐이지 그 의식의 흐름 뒤에 자아가 존재하는 것이 아니라는 말이다. 그렇게 그것은 동적 dynamic이고 관계적이며 유동적 in flux이고 …… **그 의식의 흐름 뒤에 존재하는 혹은 그 의식의 흐름과 구분되는 어떤 고정되고 불변하는 자아란 존재하지 않는다.**[35]

유사하게 매슈 매킨지(Matthew MacKenzie 2008, p. 240)는 자기의식을 통하여 우리가 우리의 의식적 흐름(감각, 감정, 믿음 등)에 대하여 어떤 연속적이고 직접적이며 특권적인 관점을 가질 수 있다는 이유로 그런 의식적 흐름과 구분되는, 그 의식적 흐름 너머에 존재하는, 지속성을 갖는 실체적 자아 혹은 주체가 있다고 믿는 경향이 있는데, 그러한 믿음은 아무런 근거가 없다고 강조한다.

요약하자면, 나의 출생으로부터 지금까지 내 마음속에서 진행된 의식의 연속적 흐름의 총체 P와 나를 연결해주는 어떤 선험적이고 필연적인 고리는 존재하지 않는다. P 너머에 있는, P가 귀속될 수 있는, 영속성을 갖는 자아란 존재하지 않기 때문이다(Andrej 2016, p. 85를 참조하라). 이 지점에서 무아사상가들은 P와 나 사이의 관계에 대한 정확한 이해를 얻기 위해서 우리는 나의 일인칭적, 주관적, 개인적 관점을 벗어나야 한다고 강조한다. 왜냐하면 그 관점은 특정한 개인의 관점인데, 그러한 개인의 관점은 그 개인의 마음에서 발생하는 의식적 흐름의 총체를 이미 전제하기 때문이다. 의식적 흐름의 총체 P가 어떻게 나에게 귀속될 수 있는지 알기 위해서 나의 일인칭적, 주관적, 개인적 관점을 벗어나 삼인칭적, 객관적, 관찰자적 관점으로 나아가야 할 필요성이 있다는 것이다.

그런데 일단 그렇게 삼인칭적, 객관적, 관찰자적 관점으로 나아갈 때 나의 출생부터 지금까지 나의 마음에서 진행된 의식적 흐름의 총체 P가 나에게 속한다는 사실은 지극히 우연적인 사실contingent fact이 되고, 그것은 어떠한 존재론적 중요성도 지니지 못한다고 무아사상가들은 설파한다. 이 책의 저자인 최성호가 경험하는 의식적 흐름의 총체, 영수가 경험하는 의식적 흐름의 총체, 진호가 경험하는 의식적 흐름의 총체, …… 이 무수한 의식적 흐름의 총체 중에서 첫 번째 것이 **나에게 너무나 특별한 중요성을 갖는, 나의** 의식적 흐름의 총체가 되어야 할 어떠한 정당한 이유도, 합리적 근거도 **삼인칭적 관찰자의 관점**에서는 존재하지 않는다는 것이 무아사상의 핵심이다.

어떤 특정한 의식적 흐름의 총체가 누구의 것인지는 오직 네이글의 영원의 관점하에서만 대답할 수 있는데, 그 영원의 관점에서는 무수한 인간들만이 존재할 뿐이지, 그 중에 특정한 인간을 '나'라고 선별한 근거가 전혀 없다는 것이고, 바로 그런 의미에서 자아가 존재하지 않는다고 무아사상은 천명한다. 분명 최성호는 물리세계에서 시공간을 점유하는 방식으로 존재하지만, 최성호의 의식적 흐름의 총체가 귀속될 수 있는 자아는 존재하지 않는다는 것이다. 영원의 관점에서 나와 당신들을 구분해 줄 수 있는 어떤 근거도 존재하지 않기 때문이다. 영원의 관점에서 나는 존재하지 않고 오직 최성호만 존재할 뿐이고, 최성호는 우연히 여기 책상 앞에 앉아 글을 쓰는 어떤 이름 모를 사람, 무수히 많은 타인들 중 하나에 불과하다는 것이다.[36]

분명 인간이 개인적, 일인칭적, 주관점 관점을 뒤로하고 전술한 바와 같은 영원의 관점을 고수하며 살아가는 것이 불가능하지는 않을 것이다. 마치 곤충학자가 호기심 어린 눈빛으로 개미의 움직임을 관찰자의 관점에서 바라보는 것과 마찬가지로 세계에 대하여, 자기 자신에 대하여, 특히 일인칭적 관점에서 자신이 극진한 중요성과 의미를 부여하던 그 모든 것들에 대하여, 관찰자의 관점을 취하는 것이 불가능하지 않다는 것이다. 그때 나에게 닥치는 불행은 어느 임의의 한 인간에게 닥치는 불행 이상이 아니고, 내가 만끽하는 행복은 어느 임의의 한 인간이 만끽하는 행복 이상이 아니다.[2]

그럼에도 삶에 대한 이러한 무아적 태도가 우리 상식과 충

2 자아의 존재 여부가 심리철학, 현상학, 인지과학을 연구하는 현대의 학자들 사이에서도 커다란 논쟁거리라는 점은 흥미롭다. 대표적으로 저명한 인지과학자인 토마스 메칭거(Thomas Metzinger 2003, p. 1)는 그의 저서《아무도 아님(Being No One)》에서 "세상 어느 누구가 자아인 적도 자아를 가진 적도 없다(nobody ever was or had a self)"고 말하며 "자아와 같은 것은 세상에 존재하지 않는다(no such things as selves exist in the world)"고 천명한다. 자아를 우리의 내심에서 발생하는 다양한 심리적 요소에 단일성과 통일성을 부여하는 어떤 자족적(self-subsistent) 존재자라고 가정할 때, 그런 존재자는 현상학과 같은 퇴행적인 철학이 만들어 내는 환영에 불과하다는 것이 그의 입장이다. 그러한 퇴행적 철학에서 벗어나 엄밀한 과학자의 시각에서 자아를 연구할 때 자아의 존재를 긍정하기 힘들다는 것이다. 그러나 이러한 메칭거의 입장은 현상학적 전통에서 인간의 심리를 탐구하는 철학자들로부터 신랄하게 비판받는데, 대표적으로 댄 자하위(Dan Zahavi 2014)는 메칭거가 자아의 부재를 논증하면서 자아의 개념이 다양할 수 있다는 것을, 자아의 존재를 긍정하는 입장에 다양한 버전이 있을 수 있다는 것을 간과했다고 비판한다.

돌한다는 것은 자명하다. 고대 철학자 아낙사고라스Anaxagoras는 자신의 아들이 죽었다는 소식을 접하곤 "나는 불사의 아들을 둔 적이 없다"고 말하며 평정심apatheia을 잃지 않았다는 일화로 유명하다.[37] 많은 이들은 이 일화를 듣고 어떤 당혹스러움을 느끼게 되는데, 그 당혹스러움은 어디에서 오는 것일까? 그것은 바로 부모가 자녀에 대하여 일인칭적, 주관적, 행위자적 관점을 취해야 한다는 우리의 상식과 그것을 거부하며 아들의 죽음에 대하여 삼인칭적, 객관적, 방관자적 관점으로 응대하는 아낙사고라스의 무아적 태도 사이의 불일치에서 온다. 이 아낙사고라스의 일화는 우리가 일인칭적, 주관적, 행위자적 관점에서 중요하게 생각하는 것들에 대하여 무아적 태도를 취하는 것이 무엇인지, 그것이 우리의 상식과 어떻게 상충하는지를 생생히 예시한다.

네이글(1986, p. 218-219) 자신은 인간의 부조리에 대한 무아사상적인 대응을 다음과 같이 서술하고 있다.

> [이 대응은] 주관적인 관점을 부정하고 세상과의 접촉을 최소화하며 세속으로부터 물러나 보편적인 것들에 대하여 묵상하는 것이다. 명상, 사색, 육신과 사회로부터의 피정, 인간적 관계나 세속적 욕구로부터의 단절, 이 모든 것들은 영원의 관점에서 덧없어 보이는 것들을 줄이는 효과를 가질 것이다.[38]

이러한 네이글의 서술이 옳다면 무아사상하에서 개인적, 주관적, 행위자적 관점과 영원의 관점 사이의 충돌로 이해된 네이글식의 부조리가 상당 부분 완화될 수 있다는 데 이견이 있기 힘들다.

그럼에도 인간의 부조리에 대한 이러한 무아사상적인 접근이 실천적인 그리고 철학적인 우려를 말끔히 불식시키는 해결책이라고 보기는 힘들다. 삼인칭적인 관찰자 혹은 방관자의 관점만을 채택하며 삶에 임하는 것이 이론적으로 가능할지는 몰라도 삶의 현장에서 숨가쁘게 살아가는 생활인들에게 과연 실천적으로 가능하겠느냐는 의문이 가장 먼저 들 수 있다. 앞서 네이글이 지적한 바와 같이 우리에게 삶이란 매 순간 자신이 소중하게 여기는 것들을 위하여 혼신의 노력을 바칠 것을 요구하는 풀타임 업무이기 때문이다. 삶을 살아간다는 것은 그만큼 진지하고 치열한 과업일 수밖에 없다는 것이다. 그런데 그런 진지하고 치열한 과업을 성취하는 것이 과연 영원의 관점만을 취하는, 무아사상의 신봉자에게 가능하겠느냐는 것에 의구심이 드는 것은 어쩔 수 없다. 설혹 부조리에 대한 무아사상적 접근이 깊은 산중 영적인 완성을 위하여 명상에 집중하는 수도승의 삶에서는 가능할지 모르나 하루하루 자기 나름의 목적을 위하여, 그 목적이 자아의 실현이건 가족의 부양이건 공동체를 위한 헌신이건 그도 아니면 단순한 생물학적 생존이건, 어떤 인생의 목적을 위하여 전력을 다하는 생활인에게는 가능하지 않을 듯하기 때문이다.

이에 대하여 무아사상의 옹호자들은 그런 생활인의 삶 자체가 오도되었다고 다음과 같이 조언할 수도 있을 것이다.

> 앞서 서술한 바와 같이 무엇인가를 인생의 목적으로 삼고 그것을 위해 땀 흘리고 매진하는 생활인의 삶, 때론 작은 성취에도 더없이 기뻐하고 때론 쓰라린 실패에 좌절하고 눈물짓는 생활인의 삶은 영원의 관점에서 결코 정당화되지 않는 삶이다. 그런 삶은 결국에는 번뇌와 고통으로 종결될 뿐이다. 그런 번뇌와 고통에서 벗어나기 위하여 우리는 해탈liberation해야 하고 그러한 해탈은 우리가 일인칭적, 주관적, 행위자적 관점을 뒤로하고 영원의 관점을 채택할 때에만 가능하다. 삶의 목적을 성취하기 위하여 바쁜 일상을 살아가는 대부분의 생활인들이 잘못된 삶을 살고 있다는 것을 뜻한다.

그러나 나는 이러한 조언에 결코 동의할 수 없다. 왜냐하면 네이글이 적절히 지적한 바와 같이 영원의 관점이 인간성의 본질적 표지인 것과 마찬가지로, 개인적, 주관적, 행위자적 관점 역시 우리가 인간인 이상 결코 포기할 수 없는 인간성의 본질적인 표지이기 때문이다.

미국의 철학자 해리 프랭크퍼트(Harry Frankfurt 1988a, p. 80)는 무엇인가를 돌보는care 인간의 모습이 인간의 인간적인 면모에 있어 핵심이라 역설한 것으로 유명하다. 무언가를 돌보고 보살피는 활동을 통하여 인간은 의지적인 연속성volitional continuity을 갖는 하나의 행위자로 탄생한다고 프랭크퍼트(1999, p. 162)는 설파한다. 사랑하는 연인을 위하여, 가족을 위하여, 조국을 위하여, 정치적 혹은 종교적 신념을 위하여, 사회의 정의를 위하여, 지식의 진보를 위하여, 인류의 번영을 위하여 자신을 기꺼이 희생하고 헌신하는 이들의 모습은 '돌봄'이나 '보살핌'이라는 표현을 통하여 프랭크퍼트가 의미했던 인간들의 모습이다.

여기서 중요한 논점은 우리가 프랭크퍼트의 의미에서 어떤 대상에 대하여 돌봄과 보살핌의 태도를 취할 때 우리는 그에 대하여 자연스럽게 네이글의 의미에서 일인칭적, 주관적, 행위자적 관점을 채택한다는 사실이다. 어떤 대상에 대한 무심한 삼인칭적 방관자는 그에 대하여 돌봄과 보살핌의 태도를 취할 수 없기 때문이다. 우리가 누군가를 돌보고 보살핀다는 것, 그를 위해 우리의 노력과 정성을 바친다는 것, 그의 행불행을 우리의 행불행과 등치시키며 그가 성공할 때 함께 기뻐하고 그가 실패할 때 함께 눈물 흘린다는 것은 우리가 그에 대하여 네이글의 두 관점 중 일인칭적, 주관적, 행위자적 관점을 취한다는 것을 뜻한다. 이런 점에서 일인칭적, 주관적, 행위자적 관점을 배제하고 삼인칭적, 객관적, 관찰자적 관점에만 집중하라고 권유하는 무아사상은 인간이 자신의 신념이나 소신을 긍정하며 그를 위하여 전력하는 모습을 배제하는 결과를 낳게 된다. 그러나 내가 어떤 존재가 되어야 하는지, 내가 어떤 삶을 살아야 하는지에 대하여 고민하고, 그 고민에서 얻어진 사랑, 원칙, 신념, 소신을 위하여 혼신의 노력과 정성을 바쳐 자신만의 인생을 구현하는 모습이 인간의 가장 인간다운 모습이 아닐까? 인간 부조리에 대한 세 번째 해결 방안으로서 불교의 무아사상이 인간의 인간다움을 훼손할 수도 있다는 말이다. 그 역시 만족스러운 해결책이 되지는 못하는 이유이다.

아이러니는 부조리에 대한 해답이 될 수 있을까?

아이러니는 부조리에 대한 해답이 될 수 있을까?

인간의 부조리에 대한 네이글 자신의 해법은 자살도, 철학적 자살도, 수도승의 삶도 아니다. 네이글(1971, p. 725)의 말을 직접 들어보자.

> 왜 생쥐의 삶은 부조리하지 않은가? 물론 달의 운행 역시 부조리하지 않지만 그것은 달의 운행이 아무런 목적도 의도적 노력도 없기 때문이다. 이에 반해, 생쥐는 생존하기 위해서 일해야 한다. 그래도 생쥐의 삶은 부조리하다고 할 수 없다. 왜냐하면 생쥐는 자신이 결국은 한 마리의 쥐에 불과하다는 것을 깨닫게 해 줄 자기의식과 자기초월의 능력이 없기 때문이다. 만일 생쥐에게 이런 능력이 생긴다면 그의 삶도 부조리해질 것이다. 쥐가 자기의식을 갖는다고 해서 다른 것이 되는 것도 아니고 생쥐 이상의 삶을 살 수 있는 것도 아니기 때문이다. 새롭게 자기의식을 가지더라도 대답할 수 없는 질문들과 포기할 수 없는 목적들을 가득 안은 채 그는 여전히 미미하고 부산한 한 마리 생쥐로서의 삶을 살아야 할 것이다.[39]

영원의 관점에서 삶의 목적과 의미에 대하여 제기되는 무수한 질문과 의구심이 마음 한켠을 가득 채우지만 그럼에도 그런 영원의 관점을 벗어나 일인칭적, 주관적, 행위자적 관점에서 지극한 진지함으로 삶에 임할 수밖에 없는 인간의 부조리는 분명 반갑기만 한 일은 아니다. 그러나 네이글은 그러한 부조리가 인간이 자기 자신에 대한 일인칭적이고 주관적 관점을 초월할 수 있는 능력, 영원의 관점에서 자기 자신을 객관적이고 냉정하게 바라볼 수 있는 능력 덕분에 발생하였고, 그러한 능력은 자기의식을 통해 비로소 획득될 수 있었다고 관찰한다.

영원의 관점은 우리가 진지하게 여기는 모든 것을 의심하고 회의할 수 있는 관점이다. 이때 영원의 관점에서 우리의 삶에 대한 의구심이 만족스럽게 해소될 수 없다는 것에 대하여 우리는 절망에 빠질 이유도 비탄에 빠질 이유도 없다고 네이글은 강조한다. 영원의 관점에선 그러한 절망이나 비탄의 정당성마저 회의하고 의심하는 것이 가능하기 때문이다. 그뿐만 아니라 우리의 삶에 대하여 도대체 해소될 수 없는 의구심을 갖게 된 것은 우리가 영원의 관점을 취한 결과인데, 그 영원의 관점은 우리가 우리 자신을 초월하여 세계를 객관적으로 바라볼 수 있는 능력 덕분에 획득된 관점이기 때문이다. 아무런 이유도, 의미도, 정당성도 없이 지구 주위를 공전하는 달이나 아무런 이유도, 의미도, 정당성도 없이 먹이를 찾아 분주하게 움직이는 한 마리의 쥐는 부조리를 경험하지는 않지만 동시에 주관적인 관점을 초월하여 자기 자신을 객관적으로 바라볼 수 있는 능력도 없다.

만약 이러한 네이글의 진단이 옳다면 인간의 부조리는 우리가 통탄하거나 좌절할 일도, 과장된 영웅주의로 대응할 일도 아니니다. 하늘을 향하여 주먹을 휘두르며 부조리의 숙명을 경멸하는 카뮈식의 반항인은 어쩌면 자신의 분노를 이기지 못해 길가의 돌부리를 발로 차는 동네 양아치나 태풍 때문에 일년 농사를 망쳐버렸다며 하늘을 향해 욕설을 내지르는 농사꾼의 모습과 다르지 않다. 어느 누구에게도 비난의 화살을 돌릴 수 없는 상황에서 억지로 길가의 돌부리에 혹은 태풍을 불러온 하늘에 비난의 화살을 돌리는 것이다. 마찬가지로 네이글의 견해에서 인간의 부조리 역시 어느 누구에게도 비난의 화살을 돌릴 수 없는, 어쩌면 비난의 화살을 돌릴 필요조차 없는 인간 조건이다. 부조리가 인간의 자기초월적 능력에 기인한 만큼, 그리고 우리의 자기초월성은 부조리에 대한 비탄과 좌절의 정당성마저 회의하고 의심할 수 있는 능력을 부여한 만큼 부조리에 직면한 우리는 지독한 비탄이나 절망에 빠진 비극의 주인공이 될 필요도, 부조리의 숙명에 반항하는 낭만주의적 영웅이 될 필요도 없다는 것이 네이글의 논지이다.

네이글(1971, p. 727) 자신이 권유하는 인생의 부조리에 대한 최선의 대응은 아이러니이다.

> 만약 영원의 관점에서 어떤 것도 중요하다고 믿을 이유가 없다면, 그렇게 믿을 이유가 없다는 사실 자체도 중요하지 않다. 그런 한에서 우리는 인간의 부조리에 대하여 영웅주의나 절망이 아닌

아이러니로 대응할 수 있다.[40]

우리가 당연한 것으로 받아들이는 삶의 의미와 목적을 영원의 관점에서 언제든 의심하고 회의할 수 있다는 사실을 자각한 이상 우리는 그러한 자각이 있기 전과 똑같은 모습으로 살아갈 수는 없다. 그렇다면 그러한 자각에 대하여 어떻게 대응해야 할까? 이에 대해 네이글은 영원의 관점에서는 결코 정당화될 수 없는 진지함을 가지고(그 진지함이 영원의 관점에서 정당화될 수 없다는 것을 너무나도 잘 알면서) 삶에 임하는 우리들의 숙명에 대하여 우리가 취할 수 있는 가장 현명한 대응은 그저 아이러니를 머금은 미소일 뿐이라고 술회한다. 마치 외부 세계가 실재한다는 우리의 상식적 믿음이 정당하지 않다고 설파하는 인식론적 회의주의자가 그러한 회의주의적 견해에도 불구하고 일상을 살아가며 세계의 실재를 가정하는 자신의 모습에 대하여 그저 아이러니를 머금은 미소로 대응하는 것이 최선인 것과 마찬가지이다.

물론 아이러니를 머금은 미소가 인간의 부조리를 해결한다는 뜻이 아니다. 전술한 바와 같이 네이글에게 인간의 부조리는 인간이 자신을 초월할 수 있는 능력을 가진다는, 자기 자신으로부터 한 걸음 떨어져 자신을 객관적으로 바라볼 수 있는 능력을 가진다는 사실에서 따라 나오는 귀결일 뿐이다. 어떤 해결책이 필요한 문제 상황이 아니라는 말이다.

이러한 네이글의 입장은 우리가 어떤 부조리가 발생했다는 것을 인지함에도 불구하고 그 부조리를 해소할 도리가 난망한 상황에서 어떤 반응을 보이는지 유심히 관찰해 보면 한층 납득하기가 쉽다. 앞서 나는 부조리 개념을 설명하며 개그콘서트의 〈비상대책위원회〉나 〈생활의 발견〉 사례를 활용하였다. 일상의 활동에 지극한 진지함으로 임하는 우리의 일인칭적 주관적 관점과 그러한 활동들을 임의적으로 간주하고 회의하는 것이 언제나 가능한 영원의 관점 사이의 충돌로부터 인간의 부조리가 발생하는 것처럼, 〈비상대책위원회〉에서는 비상사건에 긴급히 대처하기 위하여 진지한 토론에 임하는 등장인물들의 겉모습과 시간을 마냥 낭비하고 있는 그들의 실제 행위 사이의 충돌이, 그리고 〈생활의 발견〉에서는 오랜 연인 관계에 마침표를 찍는 두 등장인물의 진지함과 그러한 진지함과는 어울리지 않게 음식을 게걸스럽게 먹는 그들의 실제 행위 사이의 충돌이, 부조리를 만들어낸다. 그리고 관객들에게 그 부조리가 너무도 자명한 데 반하여 등장인물들은 그러한 부조리를 인지하지 못한다는 사실을 앞서 나는 극적 아이러니라는 개념을 통하여 설명하였다. 관객과 등장인물들 사이에 정보 격차가 발생하고, 그 정보 격차에 의하여 극중의 동일 사건이 관객과 등장인물들에게 전혀 다른 의미로 혹은 다른 중요성으로 다가온다는 것이다. 이처럼 극중 등장인물들이 자신들이 처한 부조리를 인지하지 못하기 때문에 그 부조리로부터 빠져

나올 방도가 없다. 결코 탈출할 수 없는 부조리에 빠져 있다는 말이다.

이 지점에서 우리는 인간 안에서 발생하는 부조리의 구조와 개그콘서트의 두 코너에서 발생하는 부조리의 구조 사이에 상당한 유사성이 존재한다는 것을 확인할 수 있다. 우리 안에 존재하는 영원의 관점은 우리가 하루하루 땀흘려 매진하는 삶이 어쩌면 결코 정당화될 수 없는 여정일 수 있다는 것을, 그렇게 무수한 의문과 미로로 가득찬 삶을 살지만 그럼에도 삶에 대한 열정과 몰입을 한치도 거둘 수 없다는 것을, 우리는 진정 부조리한 존재가 아닐 수 없다는 것을 알려준다. 더불어 영원의 관점은 그처럼 모순적이고 역설적인 부조리로부터 우리가 도대체 탈출할 방도가 없다는 것까지 알려준다. 마찬가지로 〈생활의 발견〉을 방청하는 관객들은 그 등장인물들의 겉모습이 실제로 그들이 행하는 행위와 부조화를 이루고 있다는 것을, 그 부조화가 그들을 부조리한 상황에 빠뜨린다는 것을, 그러나 그들이 그러한 모순적이고 역설적인 부조리로부터 도대체 탈출할 방도가 없다는 것까지 알고 있다.

도무지 벗어날 방도가 없는 부조리에 빠져있는 〈생활의 발견〉의 등장인물들이 보이는 우스꽝스러운 모습에 우리는 아이러니를 머금은 해학적 웃음으로 반응한다. 그것이 아이러니인 이유는 그 등장인물들의 행위가 자기 자신들에게 갖는 진지함과 엄숙함이 관객들에게는 전혀 다른 의미로 전달되기 때문이다. 인간의 부조리에 대한 네이글의 해법도 동일하게 해석될 수 있다. 도무지 벗어날 길이 없는 부조리에 빠져있는 우리네 삶에 대하여 우리는 슬퍼할 필요도 과장된 영웅주의로 대응할 필요도 없다. 우리는 단지 그에 대하여 아이러니를 머금은 미소로 대응하면 그뿐이다.

우리가 우리 자신을 초월할 수 있는 자기의식을 갖게 되고 그에 따라서 삶의 일선에서 한 걸음 뒤로 물러난 영원의 관점에서 자신을 객관적으로 바라볼 수 있게 된 이상, 분명 우리의 삶은 일인칭적, 주관적, 행위자적 관점에서만 우리 자신을 바라볼 때와는 다른 색채를 띨 수밖에 없다. 일인칭적, 주관적, 행위자적 관점에서 우리의 삶에 부여하던 진지함과 치열함이 결코 정당화될 수 없다는 것을 인식하게 되었기 때문이다. 바람난 배우자가 내게 다시 돌아왔을 때, 그(녀)를 다시 받아들일 수밖에 없다 하더라도 나에게 그(녀)는 결코 외도 이전과 같은 의미의 존재가 될 수 없는 것과 같은 이치이다.[41] 일인칭적, 주관적, 행위자적 관점에 머물며 생을 지속할 수밖에 없지만 그럼에도 영원의 관점을 통하여 획득한 삶에 대한 색다른 시선, 이것이 바로 '아이러니'라는 표현을 통하여 네이글이 포착하려 했던 바이다.

존 모리얼(John Morreall 1983, pp. 122–123)은 웃음에 관한 그의 저서《웃음을 진지하게 검토하기 Taking Laughter Seriously》에서 해학적 웃음은 웃는 이와 웃음의 대상 사이에 일정한 심리적 거리를 요구한다고 관찰한다. 그 대상이 타인인 경우뿐만 아니라 내 자신인 경우에도 해학적 웃음은 웃는 이가 웃음의 대상으로부터 일정한 심리적 거리를 유지할 것을 요구한다. 급하게 외출을 준비 중이던 내가 신용카드를 찾아 이 방 저 방을 헤매다가 신용카드가 입고 있던 바지 주머니에 있다는 사실을 발견할 때의 허탈함, 누구나 한번쯤 경험해 봤음직한 일이다. 이때 나는 신용카드를 찾았다는 안도감과 함께 내 자신에 대하여 실소를 머금는다. 여기서 우리가 주목해야 할 점은 안도감을 느끼는 자아와 실소를 머금는 자아가 내 자신을 서로 다른 관점에서 바라본다는 것이다. 안도감을 느끼는 자아는 일인칭적, 주관적, 행위자적 관점에서 내 자신을 바라보는 자아이다. 신용카드를 찾아야 한다는 목적이 우여곡절 끝에 완수되었다는 사실에 자족하는 자아인 것이다. 쳇바퀴 속의 다람쥐가 그저 앞으로 달린다는 사실에 자족하는 것처럼 말이다. 한편 실소를 머금는 자아는 웃음의 대상이 된 나의 모습, 즉 바지 주머니 속에 신용카드가 있다는 사실을 까맣게 잊어버리고 신용카드를 찾아 부산스럽게 헤매는 나의 모습으로부터 어느 정도의 심리적 거리를 유지한 자아이다. 웃음의 대상인 나 자신을 객관화하는 관찰자의 시각에서 나의 부조리함에 웃음을 보내는 자아인 것이다. 만약 쳇바퀴 속의 다람쥐가 자기 자신을 이런 객관적 관찰자의 시각에서 바라본다면 그 다람쥐 역시 자신의 부조리함에 웃음을 보낼지 모른다.

프랑스의 철학자 앙리 베르그송(Henri Bergson 1911, p. 5)은 우리가 우리 자신의 삶을 무심한 관찰자의 시각에서 바라볼 때 우리 삶의 수많은 드라마는 한 편의 코미디에 불과하다고 꼬집었다. 1장에서 나는 그러한 객관적 관찰자의 시각에서 인류 전체를 바라볼 때 인류는 그 우연성에서, 그 유한성에서, 그 왜소함에서 너무나 볼품없는 우주적 미물에 불과하다고 지적하였다. 그렇게 보잘것없는 존재임에도 불구하고 지구에 서식하는 인간 하나하나의 삶이 더없이 풍부하고 다채로운 내용을 담고 있다는 사실은 참으로 놀랍기 그지없다. 사랑하는 이를 위하여, 조국을 위하여, 정치적 혹은 종교적 신념을 위하여, 정의를 위하여, 진리를 위하여 자신의 일생을 걸고 매진하는 인간들의 모습은, 그렇게 자신들의 우주적 초라함을 애써 외면하며 절대성, 영원성, 보편성을 엄숙하게 추구하는 인간들의 모습은 어쩌면 한 편의 코미디가 아닐 수 없다. 미켈 보치야콥슨(Mikkel Borch-Jacobsen 1987, p. 738)은 말한다. "만약 나의 존재가 형언할 수 없는 한 편의 소극에 불과하다면, 이 드넓은 우주에서 연출되는 한 편의 기이한 개그에 불과하다면, 그에 대해서 웃지 않을 이유가 무엇인가?"[42] 인간의 부조리에 대하여 한탄하거나 절망할 것이 아니라 그저 아이러니를 머금은 미소로 대응하면 족하다는 네이글의 주장이 울림을 주는 대목이다.

반대신론이란
무엇인가?

반대신론anti-theism이란 무엇인가?

지금까지 나는 카뮈와 네이글의 부조리 개념을 설명하고, 그들이 제시하는 부조리에 대한 대응법을 각각 소개하였다. 카뮈는 부조리를 삶에 대한 이유, 목적, 정당화를 갈망하는 인간의 노스탤지어적 충동과 그러한 갈망에 대하여 침묵으로 일관하는 허무주의적 세계 사이의 충돌로 이해하였다. 이러한 부조리에 대한 카뮈의 해법은 부조리의 숙명에 장엄하게 맞서는 영웅주의적 반항인이 되는 것이었다. 신들이 내린 지독한 무의미의 삶을 살아냄으로써 자신의 숙명에 대하여 경멸을 표하는 시지프스처럼 인간들 역시 부조리의 숙명을 경멸하는 반항인이 되어야 한다는 것이 카뮈의 제안이었다.

그러나 나는 카뮈의 영웅주의적 대응이 부조리의 한 축을 이루는 허무주의에 대한 올바른 이해에는 근거하고 있지 않다고 비판하였다. 근대 과학이 우리에게 제시한 세계가 진정 허무주의적 세계라면, 자신의 삶에 대한 의미, 목적, 정당성을 간절히 갈망하는 인간들의 충동 역시 허무 속으로 함께 사라진다. 그 갈망 역시 정당화되지 않고 의미도 없다는 말이다. 만일 그와 같다면 부조리에 대한 카뮈식의 대응책이 과연 현명한 대응책인지 의문이 들지 않을 수 없다. 부조리를 잉태한 허무주의적 세계에서 우리가 도대체 무엇을 경멸하고 무엇에 반항해야 한단 말인지, 도무지 중요한 것이 아무것도 없는 허무주의적 세계에서 그런 경멸과 반항의 정당성은 어디에서 오는 것인지 분명치 않기 때문이다.

이런 이유에는 나는 우리 내부에 존재하는 일인칭적, 주관적, 행위자적 관점과 영원의 관점 사이의 충돌로 인간의 부조리를 이해하고, 더불어 그러한 부조리에 대하여 과도한 영웅주의가 아니라 아이러니를 머금은 미소로 대응하자는 네이글의 입장이 카뮈의 입장보다 훨씬 더 호소력을 지닌다고 생각한다. 네이글의 견해에 따르면 인간의 자기초월적 의식은 우리가 일인칭적, 주관적, 행위자적 관점에서 지극한 진지함으로 대하는 인생의 모든 측면에 대해 의구심을 제기할 수 있는 영원의 관점을 우리에게 선사하였다. 그러나 우리는 그런 의구심이 미처 해소되기도 전에 일인칭적, 주관적, 행위자적 관점 속에서 지극한 진지함으로 삶에 전념하는 자신을 발견하게 된다. 우리가 부조리한 존재인 이유이다. 우리는 이러한 부조리로부터 벗어날 수 없는데, 그것은 두 관점 각각이, 그리고 그 둘 사이의 충돌이 인간성의 본성을 형성하기 때문이다. 자살도 카뮈식의 영웅주의도 이러한 부조리에 대한 답이 될 수 없다. 그에 대한 가장 현명한 대응법은 부조리가 우리가 결코 탈출할 수 없는, 어쩌면 탈출할 필요조차 없는, 인간 조건임을 받아들이며 그에 대하여 아이러니 가득한 미소를 보내는 것이라고 네이글은 조언한다.

지금까지 나는 카뮈와 네이글의 부조리 개념을 중심으로 인간의 부조리에 대한 논의를 전개하였다. 그런데 명민한 독자라면 내가 한 가지 중요한 고려사항을 누락했다는 것을 눈치챘을 것이다. 바로 초자연적 신이다. 세계의 창조주인 절대적 신의 존재를 받아들이면 인간의 부조리에 관한 지금까지의 논의는 상당 부분 달라져야 하는 것 아닐까? 초월적이고 필연적이며 불변적인 존재, 전지전능하고 지극히 선한 존재인 신이 인간의 삶에 목적, 이유, 정당성을 부여해 준다면 그것이 인간의 부조리에 대한 가장 효과적인 해결책이 될 수 있지 않을까?

논의를 위하여 신이 존재하고 그 신이 인간에게 신성한 목적과 이유를 부여함으로써 인간의 삶을 유의미하게 만든다고 가정해 보기로 하자. 2장에서 나는 갑골문자 연구자가 자신의 연구를 정당화하려는 시도와 우리가 일상적 활동을 정당화하려는 시도 사이의 유비관계가 성립하고, 갑골문자 연구자의 정당화 시도가 정당화의 연쇄를 불러오고 궁극적으로는 무한퇴행에 빠지는 것과 마찬가지로 일상적 활동에 대한 우리의 정당화 시도 역시 정당화의 연쇄를 불러오고 궁극적으로는 철학자 조엘 파인버그가 '슈퍼마켓 퇴행'이라 부른 무한퇴행에 빠지고 만다고 관찰하였다. 이에 대하여 기독교와 같은 유일신 신앙을 받아들이는 종교인들은 그 정당화의 연쇄가 무한퇴행에 빠지는 이유는 내가 인간의 삶에서 초자연적 신의 역할에 충분한 주의를 기울이지 않은 탓이라고 반박할 것이다. 세계의 창조주인 신이 우리 인간에게 부여한 소명과 목적이 정당화의 연쇄에 포함될 때 그 연쇄는 무한퇴행으로 이어지지 않는다고 덧붙이면서 말이다. 신의 초월성과 완전성에 비추어 신의 창조물인 인간이 신이 부여한 성스러운 목적과 소명을 위하여 사역하는 것은 더 이상의 정당화가 요구되지 않기 때문이다. 일상적 활동에 대한 정당화의 연쇄는 신이 인간에게 부여한 목적과 소명을 언급하는 단계에서 종결되고, 따라서 무한퇴행으로 이어지지 않는다는 것이다.[43]

이러한 종교인들의 입장에서 카뮈의 부조리를 이루는 한 축이 무너진다는 것은 자명하다. 삶의 의미, 정당성, 명증한 이해 가능성에 대한 인간의 본능적 갈망이 마침내 신성한 창조주에 의해서 응답되기 때문이다. 유사하게 종교인들은 네이글식의 회의주의도 극복될 수 있다고 주장할 가능성이 높다. 신의 초월성과 완전성으로 인하여 신이 인간에게 부여한 성스러운 목적과 가치에 대해서는 영원의 관점에서조차도 의문을 제기할 수 없다고 강변할 수 있기 때문이다. 네이글의 부조리를 이루는 한 축 역시 무너지고 만다는 것이다. 우리가 신이 부여한 목적과 소명에 복종하며 살아갈 때 일상적 활동에 대한 근원적인 의심이나 회의로부터 자유롭게 되고, 그것은 결코 탈출할 수 없을 것처럼 보이던 부조리로부터 우리가 탈출할 수 있게 된다는 것을 의미한다. 적어도 일견 신의 존재는 인간의 부조리에 대한 유력한 해결 방안으로 간주될 수 있는 것처럼 보인다.[44]

신이 인간의 삶을 유의미하게 만들 수 있는 유일한 원천이고, 따라서 신이 없는 세계에서 인간의 삶은 무의미할 수밖에 없다는, 부조리할 수밖에 없다는 견해는 사실 유서가 깊다. 그 견해를 피력한 사상가들도 다양하다. 쇠렌 키르케고르(Sören Kierkegaard 1944b, pp. 151-153) 역시 그의 저서《기독교에서의 훈련Training in Christianity》에서 인간의 삶이 무가치한 것이 되지 않기 위해서, 그것이 그저 공허함이나 무로 사라지는 것을 막기 위해서, 예수를 따라 하나님을 경배하는 삶을 살아야 한다고 설파한다.

한편 톨스토이(2018, pp. 74-75; pp. 102-103)는 그의《고백록》에서 기독교적 신과 삶의 의미에 대하여 한층 깊이 있는 성찰에 잠기는데, 그 일부를 인용해 보자.

> "나는 어떻게 살아야 하는가"라고 물으면 "하나님의 법에 따라 살아가라"고 대답했고, …… "삶 속에는 죽음에 의해서 없어지지 않는 어떤 의미가 존재하는가"라고 물으면, "무한한 존재이신 하느님과 연합인 천국이 존재한다"는 대답을 들을 수 있었습니다.

> 모든 신앙의 본질은 죽음으로 없어지지 않는 의미를 삶에 부여하는 데 있습니다. 신앙은 온갖 사치와 향락 속에서 죽어가는 제왕이든, 노동으로 기진맥진한 늙은 농노이든, …… ., 정욕과 혈기로 고통받는 청년이든 모든 사람의 의문에 대해 대답을 제시해

> 주어야 합니다. …… 신앙은 '나는 왜 살고, 내 삶의 목적은 무엇인가'라는 영원한 질문에 대한 유일한 대답이고, 그 대답은 본질적으로 언제나 동일할지라도, 표현 방식은 무수히 다양할 수 있습니다.

여기서 톨스토이는 인생의 의미가 하나님으로부터 그리고 오직 하나님으로부터만 나온다는 것을 말하고 있다.

마지막으로 미국의 신학자이자 철학자인 윌리엄 크레이그(William L. Craig 1994, p. 45)는 신이 없는 세계에서 인간의 삶에는 도대체 의미란 존재하지 않는다는, 그렇기에 인간의 삶이 의미있고 가치롭기 위해서는 신의 존재가 필수적이라는 주장을 상당히 정교한 어법으로 서술한다.

> 신이 없는 우주는 그저 가능성으로 점철된 우연의 산물일 뿐이다. 그곳에서는 어떤 대상도 존재의 이유를 가질 수 없다. 인간은 자연이 만들어낸 기형아로 전락하고 만다. 물질과 시간과 우연이 아무렇게나 조합되어 만들어진 결과물에 지나지 않는 것이다. 인간은 합리성을 획득하는 방식으로 진화한 점액 덩어리에 불과하다. 인간이 그런 존재라면, 인간의 삶에서의 목적이란 한낱 곤충의 삶에서의 목적보다 더 나을 것이 없다. 둘 모두 우연과 필연의 무질서한 결합이 만들어낸 결과물에 불과하기 때문이다.

여기서 크레이그는 신이 존재하지 않는 세계에서 인간은 우주적 룰렛roulette과 같은 우연의 산물일 뿐이고, 그 인간의 삶에는 아무런 의미도, 이유도, 목적도 없다고 꼬집는다. 신의 존재를 받아들여야만 인간이 비로소 목적과 이유와 의미로 충만한 인간다운 삶을 살 수 있다고 강조하는 것이다.[45]

지금까지 신이 없는 세계에서 인간의 삶은 무의미와 허무로 점철될 수밖에 없다는 톨스토이, 키르케고르, 크레이그 등의 주장을 살펴보았는데, 이하에서 나는 이 주장의 타당성을 비판적으로 검토할 것이다. 초자연적 신이 진정 인간의 삶을 의미롭게 만들 수 있는지, 그러한 신을 가정하는 것이 인간의 부조리에 대한 진정한 해결 방안이 될 수 있는지 꼼꼼히 탐구해 보겠다는 것이다.

그런데 그 전에 먼저 이 탐구가 유신론자과 무신론자 사이의 오래된 논쟁과는 근본적으로 다른 주제에 관한 것이라는 점을 명심하자. 신이 과연 존재하는가, 만약 존재한다면 그것이 논증될 수 있는가 등은 서양에서 수천 년을 이어온 유서 깊은 철학적 논쟁의 주제들이다. 신의 존재를 옹호하는 측에서 내놓은 대표적 논증으로는 영국 캔터베리의 주교Archbishop of Canterbury를 역임한 이탈리아인 안셀무스Anselmus가 그의 《프로슬로기온Proslogion》에서 제시한 존재론적 논증이 있다. 기본적인 아이디어는 신은 그 정의에 의하여 가장 완벽한 존재이어야 하는데, 만약 신이 존재하지 않는다고 가정하면 신이 완벽하지 않은 존재가 되고 말 것이기 때문에, 신은 존재해야 한다는 결론이 따라 나온다는 것이다. 안셀무스에게 '존재하지 않는 신'은 '둥근 사각형'과 같은 일종의 형용모순contradictio in adjecto이라는 말이다. 신은 그 정의에 의하여 가장 완벽해야 하는데, 존재하지 않는 신은 완벽할 수 없기 때문이다. 이 안셀무스의 논증 이외에도 신의 존재를 증명하겠다는 취지로 제시된 논증은 최근까지 무수히 많다.[46]

흥미로운 사실은 신이 존재한다는 것을 증명하겠다는 논증만큼 신이 존재하지 않는다는 것을 증명하겠다는 논증도 많다는 것이다. 그 대표적인 논증이 고대 그리스의 철학자 에피쿠루스Epicurus에 의해 처음 알려진 소위 악의 문제the problem of evil이다. 기본적인 논증의 구조는 귀류법reductio ad absurdum의 형태를 띠는데, 그 핵심 아이디어는 다음과 같다.

> 만약 신이 존재한다면 세상에 악은 도대체 존재할 수 없다. 왜냐하면 신은 전지omniscient하기에 악의 존재를 알 수 있을 것이고, 신은 지극히 선omnibenevolent하기에 악을 제거할 의도를 가질 것이며, 신은 전능omnipotent하기에 자신이 의도한 것을 무엇이든 성취할 수 있을 것이기 때문이다. 그런데 세상에 분명히 많은 악, 고통, 불의가 존재하므로 신이 존재하지 않는 것이 분명하다. 적어도 유일신monotheistic 종교에서 가정하는 종류의 전지전능하고 지극히 선한 신은 존재하지 않는다.[47]

이 악의 문제는 이후 고트프리트 라이프니츠Gottfried W. Leibniz, 데이비드 흄David Hume 등 수많은 철학자들 사이의 불꽃튀는 논쟁을 촉발시켰다. 그 논쟁의 결과로 하나의 새로운 학문 분야가 만들어지기도 했는데 그것이 소위 '신정론theodicy'이다. 그것은 신이 존재한다고 믿는 유신론자들의 입장에서 왜 지극히 선하고 전지전능한 신이 악의 존재를 허용하는지에 관한 설명을 제시하는 학문 분야로 라이프니츠에 의하여 도입되었다.

이 책에서 나는 신의 존재에 관한 이 오래된 논쟁에 개입하지는 않을 것이다. 대신 나는 일단 신의 존재를 가정할 때 신이 우리가 경험하는 부조리의 문제에 어떤 도움을 줄 수 있는가에 대해서 탐구할 것이다. 이 탐구가 신의 존재에 관한 탐구와 구분된다는 점은 명확하다. 비록 신이 존재한다는 가정하에서 부조리의 문제가 극복될 수 있겠지만 실상 신은 존재하지 않는다고 보는 입장은 그 자체로 어떠한 모순도 포함하지 않는다. 따라서 설혹 신의 존재가 인간의 부조리에 대한 가장 유효한 해결책으로 판명난다 하더라도 무신론자가 자신의 무신론적 신념을 포기할 이유는 전혀 없다. 실제로 카뮈(1975, p. 65)의 다음 구절은, 비록 무척이나 난해하긴 하지만, 바로 이런 무신론자의 대응을 담고 있다.

> 신이 인생에 의미를 준다는 확실성은 아무런 처벌 없이 나쁜 행위를 할 수 있는 능력에 비하여 훨씬 더 매력적이다. [만약 신이 인

> 생에 의미를 준다는 것과 아무런 처벌 없이 나쁜 행위를 하는 것 사이에서 하나를 선택해야 한다면] 그 선택은 결코 어렵지 않을 것이다. 그러나 [신이 존재하지 않기 때문에] 그러한 선택은 존재하지 않는다. 그리고 바로 이 지점에서 삶의 쓰라림이 찾아온다.[48]

표도르 도스토옙스키Fyodor Dostoyevsky가 그의 소설 《카라마조프의 형제들》에서 이반 카라마조프Ivan Karamazov의 입을 빌려 일갈했던 유명한 문구를 떠올려 보자. "만약 신이 없다면 금지되는 것은 아무것도 없어."[49] 만약 신이 없다면 우리가 지켜야 하는 도덕법칙이나 사회규범이란 존재할 수 없다는 말이다. 카뮈의 인용문에서 '아무런 처벌 없이 나쁜 행위를 할 수 있는 능력'이란 이처럼 신의 부재로 인해 도덕과 규범이 사라진 상황에서 우리가 원하는 것을 마음껏 즐길 수 있는 능력을 가리킨다.

카뮈는 혹시라도 신이 존재한다면 신은 인간의 삶에 의미와 정당성을 부여해 줄 수 있을 것이라 믿었다. 그런 카뮈에게서 유신론과 무신론 사이의 선택은 결과적으로 신의 존재를 믿고 그에 따라서 신성한 의미와 목적으로 충만한 삶을 것인가 아니면 신의 존재를 믿지 않고 아무런 처벌 없이 나쁜 행위를 할 수 있는 삶을 살 것인가 사이의 선택으로 귀결된다. 그리고 둘 중에 무엇을 선택할지는 자명한 것처럼 보인다. 바로 신의 존재를 믿으며 신성한 의미와 목적으로 충만한 삶을 선택하는 것이다. "신이 인생에 의미를 준다는 확실성은 아무런 처벌 없이 나쁜 행위를 할 수 있는 능력에 비하여 훨씬 더 매력적"이기 때문이다.

그러나 이 지점에서 카뮈는 신이 존재하지 않는다는 자신의 무신론적 신념을 공표하며 우리에게 선택의 여지가 없다는 것을 폭로한다. 신이 존재하지 않기에 신성한 의미와 목적으로 충만한 삶을 선택하는 것은 우리에게 애초에 가능하지 않다는 것이다. 이 대목에서 카뮈는 "그러한 선택은 존재하지 않는다. 그리고 바로 이 지점에서 삶의 쓰라림이 찾아온다"고 꼬집는다. 앞의 인용문에서 카뮈는 신의 존재를 받아들임으로써 인간의 부조리를 해소할 수 있다고 믿지만 그럼에도 신이 존재하지 않는다는 자신의 신념을 고수하는 무신론자의 입장을 대변하고 있는 것이다.

사무엘 베켓(Samuel Beckett 2006b, p. 119)의 연극《막판 Endgame》에서 시력을 잃고 온몸이 마비된 햄 Hamm이란 등장인물이 "망할놈의 자식, 그[신]는 존재하지 않아! The bastard! He[God] doesn't exist!"라고 말하며 분통을 터뜨리는 장면이 나온다. 만약 신이 존재했다면 우리의 삶은 의미와 목적으로 충만해졌을 것이 분명하지만 애통하게도 신이 존재하지 않는다고 장탄식을 내뱉는 카뮈의 심경, 그 카뮈의 심경을 가장 직설적으로 표현한다면 햄의 대사와 같은 것이 아닐까 추측해 본다.

그렇다면 진정 초자연적 신의 존재를 가정하는 것은 인간의 부조리에 대한 해답이 될 수 있는가? 진정 초자연적 신은 우리의 삶에 성스러운 목적, 이유, 정당성을 부여해 줌으로써, 우리를 무의미와 불가해성의 수렁으로부터, 부조리의 심연으로부터 벗어나게 해 줄 수 있느냐는 말이다. 앞서 살펴본 바와 같이 카뮈는 그렇다고 답한다. 그러면서 신의 부재를 탄식한다. 그러나 테디어스 메츠(Thaddeus Metz 2013)는 최근 그의 저서《삶에서의 의미 The Meaning in Life》의 6장에서 이 주제에 대하여 흥미로운 논점을 개진하는데, 그 핵심은 유일신 신앙에 의해 상정되는 신의 초월적 특성들이 신이 인간에게 목적이나 소명을 부여한다는 가정과 모순된다는 것이다. 유일신 신앙에서 신은 다양한 초월적 속성들을 갖는 것으로 가정된다. 대표적으로 완전성, 무한성, 절대성, 탈시간성 timelessness, 불변성, 영원성, 단순성 등을 갖는 것으로 가정된다.[50] 그런데 이런 특성들을 갖는 것으로 상정된 신이 과연 어떤 목적이나 소명을 인간에게 부여할 수 있는지 의심스럽다는 것이 메츠(*ibid.*, pp. 106-114)의 핵심 논점이다.

신이 인간에게 어떤 목적을 부여한다는 것은 신이 무엇인가 인간이 해주기를 원하는 것이 있다는 것을 뜻한다. 그런데 그 자체로 완전한 존재가, 그 자체로 절대적인 존재가 무엇인가를 원하는 것이 가능할까? 내가 무엇인가를 원한다는 것은 나의 현재 상태가 불완전하다는, 그보다 더 바람직한 어떤 상태가 존재한다는 것을 의미한다. 내가 명예를 원한다는 것은 내 현재 상태(명예가 없는 상태)가 충분히 만족스럽지 않다는 것, 그보다 더 나은 상태(명예가 있는 상태)가 존재한다는 것을 뜻한다. 만일 그와 같다면, 더 나아지는 것이 도대체 가능하지 않은 가장 완전하고 절대적인 존재는 무엇인가를 원하는 것이 불가능하다는 것을 의미한다. 이로부터 신의 중요한 특성인 완전성과 절대성이 신이 인간에게 어떤 목적이나 소명을 부여한다는 가정과 상충한다는 결론이 따라 나온다.

유사하게 시공간을 초월하는 불변적 존재로 가정된 신이 시공간 속에 존재하는 가변적 존재인 인간들에게 개별적으로 목적을 부여하는 것이 어떻게 가능할지도 의문스럽다. 여기서 비판의 핵심은 단순히 신이 인간들에게 목적을 부여하는 것이 개연적이지 않다는 것이 아니다. 비판의 핵심은 도대체 신이 인간들에게 어떻게 목적을 부여할 수 있는지 개념적으로 상상하기조차 힘들다는 것이다. 시공간 밖에서 어떠한 변화도 겪지 않는 불변적인 신이 어떻게 시공간 안에 존재하는 인간과 교류하고, 개별적인 인간들에서 특정한 목적을 부여할 수 있단 말인가?[1] 이뿐만이 아니다. 목적을 부여하기 이전 상태에

1 에반 페일스(Evan Fales 2010, 4장)는 현대 형이상학과 물리학의 관점에서 신의 탈시간성이 신이 인간사에 인과적으로 개입할 수 있다는 전통신학적 입장(divine intervention)에 심각한 어려움을 제기한다는 것을 엄밀하게 논증한다.

서 목적을 부여한 이후 상태로 전이되면서 신은 인간과의 관계에서 어떤 변화를 경험한다. 불변적인 신이 어떻게 이런 가변성을 경험할 수 있는지도 납득하기 힘들다.

이런 고려에서 철학자 어빙 싱어(Irving Singer 1996, pp. 31-32)는 다음과 같이 말한다.

> 문제는 우리가 신의 우주적 계획을 추측할 수 있는지 혹은 우주의 설계자가 존재한다는 것을 증명할 수 있는지 혹은 그의 목적론적 프로그램을 실행할 능력이 있는지를 결정하는 것의 어려움이 아니다. 문제는 우리가 그러한 관념들을 명증하게 파악할 수 있는지를 도무지 알 수 없다는 것이다.[51]

이러한 관찰에서 따라 나오는 결론은 자명하다. 바로 초자연적 신이 인간에게 삶의 목적과 소명을 부여한다는 가정은 유일신 신앙에서 곧잘 세계의 창조주인 신에게 귀속되는 초월적 속성들과 정면으로 충돌한다는 것이다.

결과적으로 우리 앞에는 두 개의 선택지가 놓여 있다. 첫 번째 선택지는 유일신 신앙에서 상정되는 신의 초월적 속성들을 포기하는 것이다. 신이 절대성, 완전성, 탈시간성, 불변성과 같은 초월적 속성들을 지니지 않는다는 것을 받아들이는 것이다. 그러나 과연 그러한 초월적 속성들을 지니지 않는 존재가 유일신 신앙의 신으로 간주될 수 있는지 의구심이 들지 않을 수 없다. 많은 신학자들과 종교인들에게 신이 그런 초월적 속성들을 갖는다는 것은 너무도 당연한 것으로 여겨지기 때문이다. 가령 《프로슬로기온》에서 안셀무스(2002, 2장)는 신을 "최고의 존재자the greatest being" 혹은 "그보다 더 위대한 것을 생각할 수 없는 존재자a being than which none greater can be conceived"로 규정한다. 유사하게 키르케고르(1944a, p. 231)는 "우리는 인간의 가변성에 대하여, 시간 속에 존재하는 모든 사물들의 가변성에 대하여 불평하지만 신은 불변적이고 그것은 커다란 위안을 준다"고 말한다. 안셀무스와 키르케고르의 입장에서 절대성, 완전성, 불변성과 같은 초월적 속성을 지니지 않는 신이란 개념적 모순에 가깝다. 많은 신학자들이나 종교인들에게 신의 초월적 속성을 포기하는 것은 불가능에 가깝다는 것을 의미한다.

그뿐만 아니라 초월적 속성을 결여한 존재가 인간에게 부여하는 목적과 소명이 과연 우리의 일상적 활동에 대한 정당화의 연쇄가 무한퇴행으로 빠지는 것을 차단할 수 있는 정당화의 매듭을 제공할 수 있는지, 그래서 진정 그 존재가 카뮈나 네이글이 규명한 인간의 부조리를 극복할 수 있는 단초를 마련할 수 있는지도 분명치 않다. 왜냐하면 애초 신이 그러한 단초를 마련할 수 있다고 믿게 된 근거 중 하나가 신이 보통의 자연적 존재가 아닌 무한성, 절대성, 완전성, 불변성과 같은 **초월적 속성을 갖는 초자연적 존재라는 사실**이었기 때문이다.

신이 인간에게 삶의 목적이나 소명을 부여한다는 가정과 신의 초월적 속성들 사이에 모순이 존재하는 상황에서, 그 모순을 해결하기 위해 우리가 택할 수 있는 한 가지 선택지는 신이 초월적 속성들을 갖지 않는다는 결론을 받아들이는 것이다. 그러나 위에서 상술한 바와 같이 그 결론을 받아들이는 것은 사실상 신의 존재를 부정하는 것에 다름 아니다. 그렇다면 남은 선택지는 한 가지뿐이다. 그것은 신이 인간에게 삶의 목적이나 소명을 부여할 수 있는 종류의 존재가 아니라는, 신이 우리에게 의미로운 삶을 선사할 수 없다는, 신이 인간의 부조리에 대하여 아무런 도움이 되지 않는다는 결론이다. 신이, 그리고 오직 신만이, 인간을 무의미와 부조리의 수렁에서 구원해 줄 수 있다는 일부의 주장이 근거 없는 헛된 구호에 지나지 않는다는 것이다.

게다가, 설사 신이 인간에게 목적이나 소명을 부여할 수 있는 존재라 하더라도, 그렇게 신이 나의 인생을 무의미와 불가해성의 미로에서 벗어나게 해 줄 수 있다 하더라도 그것이 바람직한지는 또 다른 문제이다. 누군가가 일방적으로 정한 목적에 봉사하는 삶이 무의미하고 불가해한 삶보다 진정 더 나은 삶이라는, 더 바람직한 삶이라는 보장이 없기 때문이다. 실제로 전자의 삶이 후자의 삶보다 더 바람직한 삶이라고 단언하기 힘들다는 것이 나의 생각이다. 비록 그 '누군가'가 유일신 사상의 신이라 하더라도 말이다. 무엇보다 내 인생의 목적을 초자연적 신이 일방적으로 정한다는 것은 내가 신의 우주적 계획 속에서 그의 **수단으로** 전락한다는 것을 의미하고, 그것은 나의 인격에 대단히 모욕적인 것이 아닐 수 없기 때문이다. 고로 나는 쿠르트 바이어(Kurt Baier 1957, p. 104)의 다음 주장에 전적으로 동의한다.

> 그러나 인간의 경우 상황이 완전히 다르다. 인간에게 어떤 목적을 귀속시키는 것은 많은 경우 모욕적이다. 어떤 사람을 특정한 목적에 봉사하는 것으로만 간주하는 것은 그를 심각하게 비하하는 것이 아닐 수 없다. 내가 만약 파티장에서 종업원복 차림의 사람에게 "당신은 어떤 목적으로 여기 있나요?"라고 묻는다면 나는 그를 모욕하는 것이다. …… 그런 질문은 그를 가전제품이나 애완동물, 혹은 아마도 노예의 수준으로 격하시킨다. 왜냐하면 그 말을 통하여 나는 우리가 그에게 어떤 과제나 목표를 부여했다고 암시하기 때문이다. 그뿐만 아니라 나는 그 자신의 염원, 욕구, 목적은 아무런 중요성을 갖지 않는다는 것도 암시한다. 칸트의 표현을 빌리면 그를 단지 우리의 목적을 위한 수단으로 대할 뿐 목적 자체로 대하지 않는 것이다.

바이어의 견해에서 신이 인간에게 인생의 목적과 소명을 부여하는 것은 신이 자신의 우주적 계획을 위하여 인간을 수단으로 대하는 것이고, 그것은 인간에게 모욕적인 것이 아닐 수 없다. 설혹 신이 인간에게 부여하는 목적과 소명이 인간 자신에게 유익한 것이라 하더라도 상황이 달라지지 않는다. 어쨌든 그것은 자신만의 삶을 스스로 설계하고 그를 실현하기 위하여 혼신의 노력을 다하는 인간의 능력을 한낱 신의 목적을 달성하기 위한 수단으로 전락시키는 것이기 때문이다.[52]

그리스 신들이 시지프스에게 내린 형벌은 도대체 의미라고는 전혀 없는 삶을 사는 것이었다. 그렇게 무의미의 삶을 강요받는 것은 분명 참혹한 형벌이 아닐 수 없다. 그러나 신들이 시지프스의 삶이 추구할 목적을 일방적으로 정하고 그 목적을 시지프스에게 강요하는 것 역시 그만큼 참혹한, 아니 어쩌면 그보다 더 참혹한 형벌일지도 모른다. **신들이 부여한 목적이 자신에게 왜 중요한지에 대하여, 그 목적이 자신의 삶에 어떤 정당성을 부여하는지에 대하여** 아무런 대답도 듣지 못한 채 단지 신들이 그러한 목적을 부여했다는 이유만으로 그 목적에 헌신하는 삶이 노예의 삶 이상이 될 수 없기 때문이다. 그런 점에서 나는 존 키익스(John Kekes 2000, p. 25)의 다음 서술이 전적으로 옳다고 생각한다.

> 설혹 시지프스가 자신이 돌을 밀어올리는 것이 신의 영광에 봉사하기 위함이라는 것을 깨닫는다 하더라도 그것은 시지프스의 삶을 의미롭게 만들지 못한다. 물론 그는 자신의 끝없는 고행이 어떤 신성한 계획 속에서 목적을 갖는다는 것을 알게 될 것이지만,

> 그 계획이나 목적은 그 자신의 계획이나 목적이 아니다. 그는 사실상 신의 노예에 불과하기 때문이다. 피라미드의 건설에 참여한다는 사실이 그 건설에 동원된 이집트 노예들의 삶을 의미있게 만들지 못하는 것과 같은 이치이다.[53]

지금까지 나는 신이 인간에게 목적이나 소명을 부여해 준다는 생각은 유일신 신앙에서 일반적으로 상정되는 신의 초월적 속성들(예를 들어, 완전성, 절대성, 탈시간성, 불변성 등)과 상충한다는 것을, 그리고 설혹 신이 인간에게 그러한 목적과 소명을 부여할 수 있는 존재라 하더라도, 그렇게 신을 통해서 우리가 무의미와 부조리로부터 벗어날 수 있다고 하더라도, 그것이 반드시 반길 만한 일이 아님을 논증하였다. 다시 한번 강조하지만 이 논증은 신이 존재하지 않는다는 무신론을 증명하는 논증이 아니다. 신의 존재를 가정하는 것이 진정 인간의 부조리에 대한 해답이 되는가라는 질문과 신이 도대체 존재하는가라는 질문은 마땅히 구분되어야 하는 두 질문이다.

그렇다면 신은 도대체 존재하는가? 나는 알지 못한다. 부끄럽지만 나의 철학적 명민함과 지성이 바닥을 드러내는 지점이다. 그러나 만약이라도 내가 신이 존재하는 세계와 신이 존재하지 않는 세계 중 하나를 선택할 수 있는 상황에 놓인다면[54] 나는 조금의 망설임도 없이 신이 존재하지 않는 세계를 택할 것이다. 왜냐하면 **나는 신이 존재한다는 사실을 도무지 참을 수**

없기 때문이다.

인류보다 모든 면에서 우월한 존재가 있다는 것을, 그 존재가 이 우주가 만들어 내는 드라마의 진정한 주연이고 우리는 영원히 볼품없는 조연에 머물 수밖에 없다는 것을, 어쩌면 우리는 그 존재가 만들어낸 우주적 왕국의 소모품에 불과할지 모른다는 것을 나는 참을 수 없다. 그 존재가 언제나 우리보다 우월한 도덕적 권위를 누린다는 것을, 그 존재의 눈에서 우리는 언제나 부모의 눈에 비춰지는 실수투성이의 어린이에 불과하다는 것을 나는 참을 수 없다. 그 존재가 한순간도 쉬지 않고 우리를 응시하고 있다는 것을, 그렇게 응시하며 우리의 일거수일투족을 도덕적 잣대로 평가하고 있다는 것을, 고로 그 존재와의 관계에서 우리에겐 사적 영역이 일절 허용되지 않는다는 것을, 그 존재가 눈길을 거두지 않는 이상 우리는 결코 고독을 경험할 수 없다는 것을 나는 참을 수 없다. 그 존재가 언제든 마음만 먹으면 우리의 삶에 개입할 수 있다는 것을,[55] 그런 점에서 우리와 그 존재의 관계는 노예와 선량한 주인 사이의 관계와 유사하다는 것을, 신이 아무리 선한 존재라 하더라도 우리는 노예일 뿐이고 그런 이유로 우리는 진정한 자유를 경험하지 못한다는 것을 나는 참을 수 없다.[2]

2 여기서 나의 자유 개념은 필립 페티트(Philip Pettit 1997)가 그의 고전적 저서 《공화주의(Republicanism)》에서 밝힌 공화주의적 자유(Republican liberty) 개념에 해당한다. 페티트는 외부의 부당한 개입이 없는 상태를 통

이런 이유로 나는 가이 카하네(Guy Kahane 2011)가 규정한 바의 '반대신론자anti-theist'에 가깝다.[56] 카하네는 대표적인 반대신론자로 네이글을 지목하는데, 네이글(1997, p. 130)은 자신의 반대신론적 신념을 다음과 같이 표명한다.

> 나는 무신론이 참이기를 바란다. 나는 내가 알기로 가장 지적이고 명민한 사람들 중 일부가 종교를 믿는다는 사실 때문에 마음이 편치 않다. 단지 내가 무신론자라는 것을 말하려는 것이 아니다. 나는 나의 무신론적 믿음이 옳기를 바란다. 단적으로 나는 세상에 신이 없기를 진정 소망한다! 나는 신이 존재하지 않기를 원한다는 말이다. 나는 이 우주가 신에 의해서 창조된 우주이기를 바라지 않는다.

반대신론은 무신론이 참으로 판명날지 거짓으로 판명날지와 무관하게 우리 세계에서 무신론이 참이기를 바라는 입장이

하여 정치적 자유 개념을 이해하는 기존의 전통적인 접근이 지닌 문제점을 지적하면서 정치적 자유에 대한 공화주의적 접근을 제안하는데, 그에 따르면 자유는 외부의 부당한 개입(interference)이 없는 상태가 아니라 외부의 부당한 지배(domination)가 없는 상태이다. 선량한 주인을 둔 노예는 주인의 선량함으로 인해 외부의 부당한 개입이 없는 상태에 놓이는 것이 가능하지만 그럼에도 정치적으로 자유롭다고 말하기 힘들다. 페티트는 이 경우 노예는 자유의 부재를 경험하는데 그것은 노예가 (비록 외부의 부당한 개입이 없는 상태에 있지만) 언제든 주인에 의해서 임의적으로 개입될 수 있는 상태, 즉 피지배의 상태에 놓여있기 때문이라고 설명한다. 이 주제에 대한 개괄적 이해를 위해서는 (Lovett 2018)를 참고하라.

다.[57] 위 인용문에서 네이글은 아직까지 널리 알려지지 않은 이런 반대신론의 입장을 선구적으로 설파하고 있다.

반대신론과 관련하여 두 가지 사항이 서둘러 해명될 필요가 있다. 그 첫 번째 사항은 비록 반대신론자들이 신이 존재하지 않기를 바라지만 그럼에도 신이 그 정의에 의하여 **지극히 선한 존재라는 사실을 부인하지 않는다는** 것이다. 카하네(2011, p. 680)는 이 점을 명확히 서술하는데, 그는 "반대신론자는 신이 나쁘다고 주장하지 않는다. 반대신론자가 주장하는 바는 만약 신이 존재한다면 상황이 더 나빠질 것이라는 것뿐이다"라고 말한다. 신이 전지전능하고 도덕적으로 완벽한 존재라는 사실에도 불구하고 신이 존재하지 않는 것을 바라는 입장이 반대신론이란 것이다. 좀 더 정확히 서술하자면, 반대신론이란 신이 전지전능하고 그리고 도덕적으로 완벽한 존재라는 사실, 바로 **그 사실 때문에** 신이 존재하지 않기를 바라는 입장이라 할 수 있다. 그런 점에서 누군가 자신의 종교적 신념을 전제하며 반대신론을 신성모독이라 비난한다면 그는 반대신론을 오해해도 한참 오해한 것이다.

반대신론과 관련하여 해명되어야 할 두 번째 사항은 반대신론과 무신론 사이에는 어떠한 논리적 상관관계도 존재하지 않는다는 사실이다. 이미 앞서 간단히 지적한 바이기는 하지만 여기서 다시 한번 부연해도 좋을 만큼 중요한 논점이다. 세간에 반대신론(혹은 반신론)을 극단적인 형태의 무신론으로 오해하는 이들이 있는데 이는 반대신론에 대한 매우 잘못된 이해이다. **반대신론은 무신론의 한 형태가 아니다.** 반대신론자가 무신론을 거부하고 유신론자가 되는 것이 얼마든지 가능하며, 유사하게 찬성신론자가 유신론을 거부하고 무신론자가 되는 것 역시 얼마든지 가능하다.

물론 반대신론을 옹호하는 많은 이들이 무신론자이기는 하다. 무신론적 신념에 기초하여 기독교, 유대교, 이슬람교 등 다양한 종교를 동시다발적으로 비판한 것으로 유명한 크리스토퍼 히친스Christopher Hitchens는 2007년 그의 책《신은 위대하지 않다God Is Not Great》의 출간을 기념하여 캐나다 방송사 CBC와 가진 인터뷰에서 자신은 단지 무신론자일 뿐 아니라 실상 반대신론자라고 명시적으로 주장한다. 히친스의 말을 들어보자.

> 당신이 무신론자이면서 동시에 그 무신론적 신념이 거짓이기를 원하는 입장을 취하는 것이 가능하다. 당신은 충분이 그럴 수 있다. 그리고 나는 몇몇 사람들이 그런 입장을 취한다는 것을 알고 있다. 반대신론자들 – 나는 이 단어가 널리 유통되기를 바라는데 – 은 신이 존재한다는 명제에 대하여 아무런 증거가 존재하지 않는다는 사실에 매우 안도하고 행복해 하는 이들이다.[58]

이러한 히친스의 언명은 그가 무신론과 반대신론을 동시에 받아들이고 있음을 보여준다.

그러나 히친스가 인터뷰 서두에서 말하는 바와 같이 무신론자가 반드시 반대신론자일 필요는 없다. 무신론자가 찬성신론의 입장을 취할 가능성이 열려 있다는 말이다. 앞서 소개한 바와 같이, 신이 존재하지 않는다는 무신론적 신념으로 유명했던 카뮈는, 그런 무신론적 신념에도 불구하고, 만약 신이 존재한다면 그러한 신이 신성한 의미와 명증한 정당성으로 충만한 삶을 우리에게 선사할 것이라고 믿었다. 카뮈를 무신론자이면서 동시에 찬성신론자로 분류할 여지가 있다는 뜻이다.

이런 점에 비추어 반대신론을 무신론의 한 극단적인 형태로 보는 것은 반대신론을 오해해도 한참 오해한 것이다. 실제로 무신론과 유신론 사이의 논쟁은 신이 존재하는지 여부에 대한 사실판단과 관련되는 반면 반대신론과 찬성신론 사이의 논쟁은 신의 존재가 바람직한지 여부에 대한 가치판단과 관련된다. 그런데 사실판단에서 곧장 가치판단이 도출될 수 없고, 마찬가지로, 가치판단에서 곧장 사실판단이 도출될 수도 없다는 것이 많은 도덕철학자들과 윤리학자들의 공통된 의견이다. 사실판단과 가치판단이 별개의 독립적인 판단의 영역이라는 것이다. 그런 만큼 반대신론과 무신론 각각의 성격을 정확히 이해할 때 그 둘 사이에 아무런 논리적 상관관계도 존재하지 않는다는 사실은 어쩌면 당연한 것이라 하겠다.[59]

반대신론이 학계에서 본격적인 주목을 받은 것은 2011년 카하네가 반대신론의 논리를 세련되게 논증한 논문 〈우리는 신의 존재를 원해야 하는가Should We Want God to Exist?〉를 발표하면서부터였다. 실제로 반대신론에 대한 나의 견해 역시 카하네의 통찰에 빚진 바 크다. 카하네의 논문 이후 반대신론을 두고 철학자들과 신학자들 사이에 논쟁이 지속되고 있는데, 그 논쟁을 여기서 다 소개할 수는 없다.[60] 그러나 한 가지 논점만은 명확히 밝힐 필요가 있다.

반대신론에 대한 지금까지의 논쟁은 신의 존재가 세계에 가져올 장단점을 가치론적으로axiologically 비교하는 것에 주로 초점이 맞춰져 있었다. 반대신론을 대변하는 이들은 신의 존재가 가져올 부정적인 효과가 신의 존재가 가져올 긍정적인 효과에 비하여 훨씬 크다고 주장하는 반면 찬성신론자들은 그러한 주장을 반박한다. 최근 〈어떻게 신의 부재에 대한 선호를 옹호할 것인가에 관하여On How (Not) to Argue for Preferring God's Non-Existence〉라는 제목의 논문을 발표한 커크 로히드(Kirk Lougheed 출간예정)가 증언하듯 이러한 가치론적 논쟁에서 어느 입장이 우위에 있는지 판정하는 것은 매우 어려운데, 신의 존재가 불러오는 긍정적인 효과와 부정적인 효과를 중립적인 관점에서 비교·평가하기란 난망하기 때문이다.

그런데 나는 반대신론과 관련한 논쟁이 신의 존재가 가져올 긍정적인 효과와 부정적인 효과를 가치론적으로 비교·평가하는 방식으로 전개되는 것이 아주 마뜩잖다. 앞서 나는 신의 존재를 가정할 때 인간은 우주의 서사에서 도덕적으로 열등할 뿐만 아니라 진정한 자유도 누리지 못하는 그야말로 불품없는 조연에 머물게 된다는 우려를 표명하였다. 그때 나의 의도는 단지 신의 존재가 불러올 부정적인 효과를 지적하는 것만은 아니었다. 그것은 근대 과학이 제시하는 이 어둡고 적막한 우주에서 그 물리적 왜소함에도 불구하고 자기초월적 의식을 갖는 인간이 자기 자신을 어떻게 바라볼 것인가에 관한 성찰을, **인간의 우주적 자아상**cosmic self-conception**에 관한 성찰**을 촉구하는 것이었다.

어떤 것이 내게 유리한지 불리한지 따지는 것이 도대체 가능하기 위해서는 먼저 내가 누구인지가 정의되어야 한다. 나의 자아상이 정립되지 않은 상황에서 어떤 것이 나에게 가치론적으로 유리한지 여부를 따지는 것은 난센스에 가깝다는 것이다.[61] 마찬가지로 인간의 우주적 자아상이 정립되지 않은 상황에서 신의 존재가 인간에게 가치론적으로 유익한지 여부를 따지는 것이 역시 난센스에 가깝다. 이는 우리가 반대신론과 찬성신론 중 어느 입장을 택할지는, 신의 존재를 원할지 혹은 원하지 않을지는 결과적으로 우리 인간이 이 우주에서 어떤 존재로 자리매김하기를 바라는지와 밀접한 관련을 맺는다는 것을 의미한다. 논쟁의 핵심은 인간이 자기 자신보다 도덕적으로 우월한 전지전능한 신의 계획에 봉사하는 피조물로 스스로를 자리매김하는 자아상을 취할지 아니면 인간이 **독립적**

인 도덕적 권위를 가지고 자신의 삶을 주체적으로 설계하는 능동적이고 자율적인 존재로 스스로를 자리매김하는 자아상을 취할지 여부라는 것이다.

자녀에 대한 사랑을 자아상의 일부로 받아들이는 부모에게 자녀에 대한 사랑을 포기하는 것은 단순한 가치론적 불이익 이상의 해악을 초래한다. 자녀에 대한 사랑은 부모의 의지적 본성volitional nature을 형성하고, 그것은 다시 부모의 자아를 정의하기 때문이다.[62] 고로 누군가 부모에게 자녀에 대한 사랑을 포기할 것을 강요한다면 그것은 가치론적 유불리를 떠나서 부모의 자아 자체를 파괴하는 것이다. 자녀에 대한 사랑을 통하여 자아상을 정립하는 부모는 자녀에 대한 사랑으로 인해 아무리 심대한 가치론적 손실(예를 들어, 자녀가 없다면 부모는 좀 더 경제적으로 혹은 시간적으로 여유있는 삶을 누릴 수 있을 것이다. 그런 점에서 경제적 혹은 시간적 여유의 상실은 부모가 자녀에 대한 사랑으로 인하여 감수하게 되는 가치론적 손실에 해당한다)이 발생한다 하더라도 그 사랑을 결코 포기하지 않는다. 그러한 손실을 기꺼히 감수하는 모습이 부모의 자아를 정의하기 때문이다. 그런 손실을 감수하면서도 자녀에 대한 사랑을 결코 포기할 수 없는 존재, 그것을 포기할 의지조차 형성할 수 없는 존재, 부모란 바로 그런 존재라는 것이다.

이와 유사한 논점이 인간의 우주적 자아상에 대해서도 성립한다. 도덕적으로 완전하고 전지전능한 신의 계획에 봉사하는 피조물이 아니라 독립적인 도덕적 권위를 갖는 능동적이고 자율적인 자아상을 확립하고 그에 따라 반대신론으로 나아갈 때, 설혹 신의 존재를 거부함으로써 우리가 상실하는 어떤 가치론적 혜택이 있다 하더라도 어쩌면 그것은 우리가 기꺼이 감수해야 하는 상실인지도 모른다. 부모가 자녀에 대한 사랑으로 인하여 어떤 가치론적 혜택을 상실한다 하더라도 그 상실을 기꺼이 감수하는 것과 마찬가지로 말이다.

이를테면 찬성신론자들은 현세에서 부당한 고통을 당한 이들이 내세의 천국에서 그 고통을 보상받고, 현세에서 악행을 범한 이들이 내세의 지옥에서 그 악행에 대한 처벌을 받는다고 말하며 인간이 현세에서 못다 이룬 우주적 정의cosmic justice를 초자연적 신이 이룩해 줄 수 있다고 말한다. 더불어 그들은 그러한 우주적 정의에 대한 믿음이 사람들을 좀 더 선량하고 도덕적으로 행동하게끔 유인한다고 덧붙인다. 나는 신의 존재를 가정하는 것으로부터 이러한 가치론적 혜택이 따라 나온다는 것을 부정하지 않는다. 다만 그러한 혜택이 우리가 새롭게 모색하는 인간의 우주적 자아상과 충돌한다면, 그것이 우리 인간이 이 우주에서 어떤 존재여야 하는지에 대한 우리 자신의 답변과 충돌한다면 그 혜택을 과감하게 포기할 줄 알아야 한다는 것이 나의 주장이다.

사람들이 자신의 삶에 대한 의미, 정당성, 명증한 이해 가능성을 갈망하는 노스탤지어적 충동을 갖는다는 카뮈의 지적은 분명 중요한 통찰을 담고 있었다. 그리고 카뮈와 네이글은 공히 그 갈망이 결코 충족될 수 없는 갈망이라고 천명하였다. 카뮈는 근대 과학이 발견한 허무주의적 세계를, 네이글은 우리 안에 존재하는 영원의 관점이 잉태하는 회의주의를, 그 근거로 각각 제시하였다. 이러한 카뮈와 네이글의 논증에도 불구하고 많은 이들에게 삶의 의미와 정당성에 대한 노스탤지어적 갈망이 결코 채워질 수 없다는 사실은 받아들이기 힘든 진실이었는지도 모른다.

인류는 자신들의 삶에 의미, 이유, 목적을 부여하기 위해 곧잘 거대한 정당화의 왕국을 건설하기에 주저하지 않았다. 그렇게 그들은 인간의 원죄를, 인간을 대신한 하나님과 예수의 희생을, 하나님의 영원불변한 사랑을, 구원과 영생을, 불멸의 천국을 이야기한다. 이 모든 것들은 우리가 하나님이 우리에게 부여한 목적에 봉사해야 할 이유와 정당성을 제공하고, 그것은 다시 우리의 삶을 의미롭고 가치롭게 만든다고 여겨졌다. 기독교와 같은 종교가 삶의 의미를 부여하지 못한다고 생각하는 이들은 보편적 정의, 지식의 확장, 인류애와 같은 세속적 가치를 발판으로 정당화의 왕국을 건설하기도 한다(Taylor 1999, p. 116 참조).

이처럼 사람들이 신의 존재를 소망하는 근저에는 삶의 무의미와 부조리로부터 탈출하고자 하는 근원적인 갈망이 있다. 반대신론이 신이 존재하지 않기를 소망하는 입장이라는 점에서, 이는 사람들이 반대신론을 거부하는 중요한 동기가 신을 통하여 삶의 의미, 이유, 정당성을 얻을 수 있다는 그들의 희망 섞인 믿음이라는 것을 뜻한다. 그러나 나는 위에서 그들이 가정하는 초월적 신은 인간의 삶에 의미, 이유, 정당성을 부여할 수 있는 종류의 존재가 아니라는 근거에서 그러한 믿음이 거짓임을 논증하였다. 그뿐만 아니라 유일신 신앙에서 상정되는 신의 존재가 우리가 새롭게 정립하는 인간의 우주적 자아상과 충돌한다는 것 역시 위에서 명확히 밝혔다. 이는 우리 삶의 무의미와 부조리를 탈출하는 시도로서 신의 존재를 소망하는 것이 결코 현명한 자의 모습이 아니라는 것을 뜻한다. 현명한 자의 모습은 아마도 네이글의 조언을 따라서 자신의 삶이 대답할 수 없는 질문들과 포기할 수 없는 목적들로 채워져 있다는 사실을 겸허히 받아들이며 그에 대하여 아이러니를 띤 미소로 응대하는 것이라고 나는 생각한다.

맺음말

이 우주에서 인간으로 살아간다는 것에 대하여

이 책이 인간의 우주적 초라함이라는 화두로 시작되었다는 것을 상기하자. 1장에서 나는 인간이 시간적으로나 공간적으로 너무나 보잘것없이 왜소하다는 사실, 인간이 우주의 변두리 어느 볼품없는 행성에 살고 있다는 사실, 인류가 진화라는 우연적 과정을 통하여 탄생하였다는 사실 등을 언급하며 인간은 이 우주에서 참으로 초라한 존재가 아닐 수 없다고 술회하였다. 그러한 초라함을 숨기기 위하여 인류가 창안해 낸 거대한 자기기만과 망상은 근대 과학 앞에서 힘없이 무너져내렸다.

그러나 곧이어 나는 이와 같은 인간의 우주적 초라함으로부터 인생의 무의미가 곧장 따라 나오지는 않는다는 것을 논증하였다. 우리가 언젠가 죽음을 맞이할 수 밖에 없다는 사실이, 우리가 은하수만큼 장대하지 못하다는 사실이, 우리가 우주의 중심에서 신의 외양을 따라 창조되지 않았다는 사실이 우리의 삶을 무의미하게 만들지는 않는다는 것이다. 그러면서 나는 우리 인생이 무의미한 것은 우리가 "왜 사는가?"라는 질문에 대하여 마땅히 내놓을 답변이 없다는 사실에서 연유한다고 제안하였다. 우리 삶이 무의미한 것은 순환적이거나 무한퇴행에 빠지지 않는 방식으로 그 삶에 대한 이유나 정당성을 제시하는 것이 가능하지 않다는 사실에서 비롯한다는 것이다. 그때 인간의 부조리는 삶이 정당화될 수 없다는 것을 너무나 잘 알면서도, 삶의 의미에 대한 의문과 불가해성 때문에 한없는 무기력과 불안에 휩싸일 법한 상황에서도, 강박증적 열의와 진지함으로 삶에 임하는 우리의 자기모순적 모습에서 말미암는다.

인간의 우주적 초라함으로부터 인간의 부조리가 따라 나오지 않는 것처럼 인간의 부조리로부터 인간의 우주적 초라함이 따라 나오지 않는다. 인간이 부조리한 존재라는 사실로부터 곧장 인간이 우주적으로 사소하고 볼품없는 존재라는 결론을 이끌어낼 수 없다는 말이다. 반대로 어쩌면 인간의 부조리함은 앞서 내가 인간의 우주적 초라함을 논의하며 언급하였던 그 모든 사실들에도 불구하고 이 우주에서 인간이 실제로는 그리 사소한 존재가 아닐지도 모른다는 것을 암시한다. 인간의 시공간적 왜소함이나 인간 존재의 우연성에도 불구하고 인간은 우주적으로 초라하지 않은, 어쩌면 이 우주의 가장 중요한 주인공인지도 모른다는 것이다. 왜냐하면 자기초월적 의식을 통하여 자기 자신을 냉정하고 객관적인 시각으로 바라볼 수 있는 존재, 그렇게 자신의 삶이 궁극적으로 정당화되지 않는다는 사실을 자각할 수 있는 존재, 그런 정당화되지 않는 삶을 살아가는 자신을 바라보며 미소지을 수 있는 존재는 이 우주에서 오직 인간뿐일지도 모르기 때문이다.

파스칼(2013, p. 115)은 《팡세》에서 다음과 같이 말한다.

> 인간은 자연에서 가장 연약한 하나의 갈대에 불과하다. 그러나 생각하는 갈대이다. 인간을 무너뜨리기 위해서는 전 우주가 무장할 필요가 없다. 증기나 한 방울의 물이면 죽이기에 충분하다. 그러나 우주가 인간을 무너뜨릴 때 인간은 그를 죽이는 우주보다 **더 고귀할 것이다**. 인간은 자신이 죽는다는 것과 우주가 그보다 우월하다는 것을 알고 있기 때문이다. 우주는 그에 대해 아무것도 알지 못한다.[강조 표시는 저자][63]

나는 이 파스칼의 말이 구구절절 옳다고 생각한다. 백만 년이 흐른 뒤에 인류는 이 우주에서 흔적도 없이 사라질지도 모른다. 지금 우리가 소중하게 생각하는 모든 것들, 우리의 생명, 가족, 종교적·정치적 신념, 그리고 한층 넓게는 사회의 정의, 지식의 진보, 인류의 번영, 이 모든 가치들이 백만 년이 흐른 뒤에는 우주의 차가운 어둠 속으로 완전히, 그야말로 완전히 소멸할지도 모른다. 아마도 파스칼은 인간이 연약한 갈대라고 말하며 이러한 인간의 우주적 사소함을 뜻했을 것이다.

그러나 인간의 우주적 중요성은 단순히 시공간적 위치와 크기에 의해서만 결정되는 것은 아니다. 인듀어런스호가 탈출하던 블랙홀 가겐추어가 설혹 그 무지막지한 크기로 주위의 물질을 빨아들이며 백만 년을 버틴다 하더라도 그것은 아무런 생각이나 염원도 없이 그저 차갑고 어두운 우주를 채우고 있는 물질 덩어리에 불과하다. 때문에 백만 년 전이나 백만 년 후나 가겐추어는 정확히 동일한 물리법칙을 따라 기계적으로 운동할 것이고, 거기엔 어떠한 가슴 아픈 스토리도 흥미진진한 드라마도 존재하지 않는다.

반면 인간은 언뜻 초라한 갈대에 불과한 듯하지만 그럼에도 **생각하는** 갈대이다. 삶의 일선에서 한발 물러나 자신을 객관적으로 응시하며 자신이 언젠가는 죽을 것이라는 것을, 자신이 이 우주에서 얼마나 왜소한지를 자각하는 존재가 바로 인간이라는 말이다. 또한 그러한 자각 속에서 자기 자신을 반성적으로 뒤돌아보고, 자신이 어떤 존재가 되어야 할지 숙고하여 나름의 자아상self-conception을 만들며, 그러한 자아상에 따라 자신의 삶을 주체적으로 설계하는 능동적인 존재가 바로 인간이다. 그런 인간들이 만들어 내는 삶의 드라마는 그 어떤 우주적 장대함과 미스터리보다 더 숭고하고 더 감동적이다. 우리 우주의 역사가 하나의 거대한 서사극이라면 그 주인공은 마땅히 거대한 은하나 블랙홀이 아닌 인류이어야 할 것이다. 우주의 어느 외진 구석에 잠시 존재하다 사라지지만, "왜 살아야 하는가?"라는 삶의 가장 기본적인 질문에 대해서조차도 답할 수 없지만, 그럼에도 혼신의 노력으로 자기 나름의 삶을 설계하고 구현하는 부조리의 표본과 같은 인간 말이다.

후주

[1] 영어 번역은 다음과 같다. "When I consider the short duration of my life, swallowed up in an eternity before and after, the little space I fill engulfed in the infinite immensity of spaces whereof I know nothing, and which know nothing of me, I am terrified." 본문의 한글 번역문을 작성하는 과정에서 《팡세》의 한글 번역서인 (파스칼 2013, p. 38)을 참고하였음을 밝혀둔다.

[2] 영어 번역은 다음과 같다. "The eternal silence of these infinite spaces frightens me."

[3] 네이글(Nagel 2009, p. 9)에서 재인용. 영어 원문은 다음과 같다. "It was one of those dewy, clear, starry nights, oppressing our spirit, crushing our pride, by the brilliant evidence of the awful loneliness, of the hopeless obscure insignificance of our globe lost in the splendid revelation of a glittering, soulless universe. I hate such skies."

[4] 이 문장의 논점은 (Nagel 1971, p. 717)에서 빌려왔다.

[5] 영어 원문은 다음과 같다. "But if we supposed that these stones, instead of rolling back to their places as if they had never been moved, were assembled at the top of the hill and there incorporated, say, in a beautiful and enduring temple, then the aspect of meaninglessness would disappear. His labors would then have a point, something would come of them all, … one could not say that the life of Sisyphus was devoid of meaning altogether. Meaningfulness would at least have made an appearance, …"

[6] 김혁, 〈갑골문자 해독에 대한 열망〉, 교수신문, 2018년 10월 22일. 해당 칼럼을 읽으려면 다음의 웹사이트를 방문하라.
http://www.kyosu.net/news/articleView.html?idxno=42963

[7] 이와 유사한 논점은 네이글(Nagel 1971, p. 721)에 의해서도 제시되었다.

[8] 영어 번역은 다음과 같다. "So that science that was to teach me everything ends up in a hypothesis, that lucidity founders in metaphor, that uncertainty is resolved in a work of art."

[9] 영어 번역은 다음과 같다. "That nostalgia for unity, that appetite for the absolute illustrates the essential impulse of the human drama."

[10] 영어 번역은 다음과 같다. "This world in itself is not reasonable, that is all that can be said. But what is absurd is the confrontation of this irrational and the wild longing for clarity whose call echoes in the human heart."

[11] 영어 번역은 다음과 같다. "The laws of nature may be operative up to a certain limit, beyond which they turn against themselves and give birth to the absurd."

[12] 영어 번역은 다음과 같다. "In a sense, and as in melodrama, killing yourself amounts to confessing. It is confessing that life is too much for you or that you do not understand it."

[13] 영어 번역은 다음과 같다. "All healthy men having thought of their own suicide, it can be seen, without further explanation, that there is a direct connection between this feeling and the longing for death."

[14] 영어 번역은 다음과 같다. "Siyphus, proletarian of the gods, powerless and rebellious, knows the whole extent of his wretched condition. it is what he thinks of during his descent. The lucidity that was to constitute his torture at the same time crowns his victory. There is no fate that cannot be surmounted by scorn."

[15] 대표적으로 존 매키(John Mackie 1977, 1장)와 데릭 파핏(Derek Parfit 2006, p. 326)이 있다.

[16] 영어 번역은 다음과 같다. "I have found nothing, nothing at all that could replace the good I have lost, for I loved someone who, in my eyes, encompassed within himself all that is worthwhile, so that I lived only for him, everything else was in comparison just rubbish, … my heart splinters into a thousand pieces!"

[17] 칸트와 마리아 폰 헤르베르트 사이의 서신 교환 및 그 서신 내용의 철학적 함의에 대해서는 (Langton 1992)을 참고하라. 이하 마리아 폰 헤르베르트의 편지글은 모두 랭턴의 영어 번역을 재번역한 것임을 밝혀둔다.

[18] 영어 번역은 다음과 같다. "My vision is clear now. I feel that a vast emptiness extends inside me, and all around me—so that I almost find myself to be superfluous, unnecessary. Nothing attracts me. I'm tormented by a boredom that makes life intolerable."

[19] 영어 번역은 다음과 같다. "You can see, perhaps, why I only want one thing, namely to shorten this pointless life, a life which I am convinced will get neither better nor worse. …… I beg you to give me something that will get this intolerable emptiness out of my soul."

[20] 이러한 매키와 조이스의 주장은 카하네(Kahane 2017, pp. 333-334)에 의해서 설득력 있게 비판되는데, 그 요지는 도덕관념의 실천적 유용성이 그 도덕관념을 유지할 이유를 제공해 준다는 매키와 조이스의 주장 자체가 이미 세상에 어떤 중요한 것 혹은 가치로운 것이 있다는 것을 전제하고 있고, 그런 만큼 그 주장은 허무주의적 세계에서 성립할 수 없다는 것이다. 도무지 아무것도 중요하지 않은 허무주의적 세계에서 도덕관념의 실천적 유용성도 중요하지 않을 것이고, 따라서 그러한 유용성이 도덕관념을 유지할 이유가 되지 못할 것이라는 것이다. 물론 이러한 매키와 조이스에 대한 카하네의 비판은 합당하다. 그러나 아무것도 중요하지 않은 허무주의적 세계에서 우리의 도덕관념을 유지할 이유도 없지만, 그렇다고 그것을 폐기할 이유도 없다. 매키와 조이스의 논점이 허무주의적 세계에서 우리의 도덕관념을 유지할 이유를 제공하지 못한다는 것을 인정하지만 동시에 동일한 논리로 허무주의적 세계에서 그것을 폐기할 이유도 없다는 것이다.

[21] 영어 원문은 다음과 같다. "Laughter is an affection arising from a strained expectation being suddenly reduced to nothing."

[22] 개그콘서트의 코너들이 만들어 내는 종류의 해학적 웃음은 사실 철학자들의 오랜 관심사 중 하나였다. 그에 대한 비교적 상세한 이론을 제시한 앙리 베르그송(Henri Bergson 1911)은 칸트와는 상당히 다른 방식으로 해학적 웃음에 접근한다. 베르그송은 '기계적인 비탄력성(mechanical inelasticity)' 혹은 '자동화의 형상(the appearance of automatism)'이 해학적 웃음을 유발하는 근원이라고 설명한다.

[23] 피터 골디(Peter Goldie 2007, p. 72)는 극적 아이러니 개념에 대한 상당히 명료한 설명을 제시하는데, 거기서 골디는 극적 아이러니의 구조가 예술작품에서뿐만 아니라 우리가 일상에서 타인을 이해하고 타인과 교류하는 과정에서도 나타난다고 논증한다.

[24] 영어 원문은 다음과 같다. "from far enough outside my birth seems accidental, my life pointless, and my death insignificant, but from inside my never having been born seems nearly unimaginable, my

life monstrously important, and my death catastrophic."

[25] 루퍼포이만큼 명시적이지는 않지만 그럼에도 네이글의 영원의 관점을 회의주의와 관련된 것으로 명확히 서술하는 철학자로는 마이클 스미스(Michael Smith 2005, pp. 94-96)와 던컨 프리처드(Duncan Pritchard 2010, p. 6)가 있다. 루퍼포이는 네이글이 그의 논문 〈부조리〉 이후에 출판한 저서 《무관점의 관점(The View from Nowhere)》에서 영원의 관점의 성격에 대한 네이글의 입장에 미묘한 변화가 감지된다고 관찰한다. 그 저서에서 영원의 관점이 허무주의(nihilism)를 잉태한다고 주장하는 것으로 네이글의 입장을 해석할 여지가 있다는 것이다. 그러한 해석을 뒷받침하기 위하여 루퍼포이는 네이글(Nagel 1986, p. 209)의 다음 문장을 인용한다. "가치에 대하여 객관성을 추구하는 것은 모든 가치를 완전히 상실할 위험을 안고 있다. … 만약 우리가 개인적인 선호에서 객관적 가치와 윤리로 가는 노정을 지속한다면 우리는 허무주의에 빠질지도 모른다. 문제는 우리가 언제 어떻게 멈추어야 하는지 모른다는 것이다." 이에 대한 영어 원문은 다음과 같다. "The pursuit of objectivity with respect to value runs the risk of leaving value behind altogether. … If we continue along the path that leads from personal inclination to objective values and ethics, we may fall into nihilism. The problem is to know where and how to stop."

[26] 영어 원문은 다음과 같다. "He〔Nagel〕 adds that this point of view from which seriousness appears gratuitous 'is not supposed to give us an understanding of what is really important, so that we see by contrast that our lives are insignificant.' We are not to understand that in reality nothing is significant; instead, the idea appears to be that our encounter with the view sub specie aeternitatis enables us to see that we lack any reason to think that anything matters. Sub specie aeternitatis we can see that our system of justification is unjustifiable and hence anything we were inclined to take seriously through relying on it is dubious."

[27] 영어 원문은 다음과 같다. "This condition 〔the condition of being absurd〕 is supplied, …… by the collision between the seriousness with which we take our lives and the perpetual possibility of regarding everything about which we are serious as arbitrary, or open to doubt."

[28] 네이글에 대한 나의 이러한 독법은 그에 대한 제프리 고든(Jeffery Gordon)의 독법과 정면으로 충돌한다. 고든(Jeffery Gordon 1984, p. 18)은 부조리에

대한 네이글의 견해를 설명하며 그의 견해에서 일상의 활동이 정당화되지 않는다는 것은 인간의 부조리와 아무런 관련이 없다고 주장한다. 그러나 나는 (최성호 2019)에서 제프리 고든의 이러한 주장을 논박하였다.

[29] 영어 원문은 다음과 같다. "Most fortunately it happens, that since reason is incapable of dispelling these clouds, nature herself suffices to that purpose, and cures me of this philosophical melancholy and delirium, either by relaxing this bent of mind, or by some avocation, and lively impression of my senses, which obliterate all these chimeras. I dine, I play a game of backgammon, I converse, and am merry with my friends; and when after three or four hours' amusement, I would return to these speculations, they appear so cold, and strained, and ridiculous, that I cannot find in my heart to enter into them any farther."

[30] 영어 원문은 다음과 같다. "[the possibility of a life that] does not involve the engagement of a transcendent awareness in the assiduous pursuit of mundane goals."

[31] 영어 원문은 다음과 같다. "the objective standpoint, even at its limit, is too essential a part of us to be suppressed without dishonesty."

[32] 영어 원문은 다음과 같다. "Though my carrying on as though these desires and projects really give my life meaning may amount to philosophical suicide, it keeps me from contemplating the other form of suicide."

[33] 불교의 철학적 기초에 대해서는 (Christopher Gowans 2003)를 참고하라.

[34] 찰스 핑크(Charles Fink 2012, p. 289)는 이 논점을 상당히 명료하게 서술하고 있다.

[35] 영어 원문은 다음과 같다. "Svasamvedana is the phenomenally continuous, first-person perspective one has on the stream of one's own experience. But this first-person perspective or experiential dimension at the heart of consciousness is not itself a self. It is a feature of the stream of experience, and not a self standing behind the experience. As such, it is dynamic, relational, and perpetually in flux, dependently conditioned by the continually changing interplay of successive contents (i.e. the intentional objects of experiences) and acts (i.e. the first-personal phenomenal modes of access to successively changing contents). But again, there is noth-

ing fixed, permanent, or unconditioned standing behind, or distinct from, this stream. There is simply the first-personal stream itself."

[36] (Fink 2012, p. 304)는 이런 논점에 대한 가장 선명하고 논리적인 설명을 제공한다.

[37] 아낙사고라스의 일화에 대한 자세한 설명은 (Richard Sorabji 2000, p. 197)를 참고하라.

[38] 영어 원문은 다음과 같다. "to deny the claims of the subjective view, withdraw from the specifics of individual human life as much as possible, minimize the area of one's local contact with the world and concentrate on the universal. Contemplation, meditation, withdrawal from the demands of the body and of society, abandonment of exclusive personal ties and worldly ambition—all this gives the objective standpoint less to be disengaged from, less to regard as vain."

[39] 영어 원문은 다음과 같다. "Why is the life of a mouse not absurd? The orbit of the moon is not absurd either, but that involves no strivings or aims at all. A mouse, however, has to work to stay alive. Yet he is not absurd, because he lacks the capacities for self-consciousness and self- transcendence that would enable him to see that he is only a mouse. If that did happen, his life would become absurd, since self-awareness would not make him cease to be a mouse and would not enable him to rise above his mousely strivings. Bringing his new-found self-consciousness with him, he would have to return to his meagre yet frantic life, full of doubts that he was unable to answer, but also full of purposes that he was unable to abandon."

[40] 영어 원문은 다음과 같다. "If *sub specie aeternitatis* there is no reason to believe that anything matters, then that doesn't matter either, and we can approach our absurd lives with irony instead of heroism or despair."

[41] 이 '바람난 배우자'의 비유는 (Nagel 1971, p. 724)에서 가져온 것이다.

[42] 영어 원문은 다음과 같다. "If my existence is nothing more than an unspeakable farce, an improbable gag lost in the immensity of the universe, why not laugh at it."

[43] 로버트 노직(Robert Nozick 1981, pp. 594-619)은 신을 무한정자(The Unlimited)로 이해할 때, 즉 신을 어떤 제약으로부터도 자유로운 가장 포괄적인 존재로 이해할 때, 신은 무한퇴행 없이 의미의 원천으로 기능할 수 있다고 주장한다. 노직의 견해에서 X의 의미가 무엇인가라는 질문은 언제나 X를 포함하는 어떤 넓은 관점을 취함으로써 제기된다. 내 인생의 의미가 무엇인가라는 질문은 나를 포함하는 공동체나 지구, 혹은 우주의 관점을 취함으로써 제기된다. 그런데 유한정자(The Limited)는 어떤 방식으로든 한정된 존재이기 때문에 그것보다 더 넓은 관점을 취하는 것이 언제나 가능하고 그에 따라서 그것의 의미가 무엇인지에 대한 의문을 가지는 것이 언제나 가능하다. 한편 무한정자는 그것보다 더 넓은 관점을 취하는 것이 불가능하다. 왜냐하면 무한정자는 세계에 현실적으로 혹은 가능적으로 존재하는 모든 것을 포괄하는 존재이기 때문이다. 따라서 "도대체 그 무한정자가 어떤 의미를 지니는가?"라는 질문에는 답변이 존재할 수 없지만, 그렇게 답변이 존재할 수 없는 이유는 그 질문 자체가 성립하지 않기 때문이다. 노직의 견해에서 이러한 무한정자는 그 자체로 자기 자신의 의미가 될 수 있고, 또한 그것은 그것에 포함된 모든 구성원들, 특히 인간들의 삶에 의미를 부여해 줄 수 있다. 노직은 이렇게 신을 무한정자로 이해할 때 신은 인간의 삶에 대한 의미의 원천으로 기능할 수 있다고 말한다.

[44] 옥스퍼드의 종교철학자 팀 모슨(Tim Mawson 2013, p. 1142) 역시 이러한 입장을 조심스럽게 지지하며 다음과 같이 말한다. "신은 우리 일상에 대한 정당화의 무한퇴행을 차단할 여지를 마련하는 듯하다(God seems a good contender for being able to stop such problematic regresses/widenings-of-perspectives). …… 그렇게 오직 신만이 네이글이 규정한 바의 부조리를 해소할 수 있는 능력을 갖는 것처럼 보인다(As such, it seems God might be uniquely capable of removing the absurdity that Nagel so influentially characterized).

[45] 영국의 저명한 도덕철학자 존 코팅엄(John Cottingham 2005) 역시 톨스토이, 키르케고르, 크레이그와 유사한 입장을 취한다는 사실은 흥미롭다.

[46] 안셀무스의 논증에 대해서는 꽤 많은 국내 문헌이 축적되어 있는데 대표적으로는 (김세화 2005; 2008), (이경재 2005), (최원배 2007), (박찬수 2007) 등이 있다.

[47] 악의 문제는 두 가지 버전이 있는데 그들은 각각 논리적 버전과 인식론적 버전이다. 이 글에서 제시하는 악의 문제는 그것의 논리적 버전에 해당한다. 악의 문제에 대한 상세한 논의는 (Tooley 2019)를 참고하라. 앞서 언급한 안셀무스의 논증과 마찬가지로 악의 문제에 관한 국내 연구도 상당히 축적되어 있다. 그에 관해서는 (박찬수 2008), (임일환 2016), (하종호 2017) 등을 참고하라.

[48] 영어 번역은 다음과 같다. "The certainty of a God giving a meaning to life far surpasses in attractiveness the ability to behave badly with impunity. The choice would not be hard to make. But there is no choice, and that is where the bitterness comes in."

[49] 《카라마조프의 형제들》에서 이반 카라마조프가 정확히 이 문장을 말하지는 않는다. 그 정확한 문장은 " …… 다만, 그렇게 되면 인간은 어떻게 되는 건가? 하느님도 없고 미래의 삶도 없다면? 그렇다면, 이젠 모든 것이 허용되고 모든 것을 할 수 있다는 건가?"이다. (도스토옙스키 2007, p. 168)를 참고하라.

[50] 이러한 초월적 속성들 각각에 대한 정확한 정의를 제시하고, 그리고 그들 사이의 관계를 규명하는 작업은 종교철학의 중요한 부분을 차지한다. 가령, 윌리엄 웨인라이트(William Wainwright 2012)는 신의 초월적 속성으로 전지전능성, 지극히 선함, 완전성에 더불어 단순성, 탈시간성, 불변성 등을 포함한다. 한편 대니얼 힐(Daniel Hill 2005, p. 22)은 단순성이 신의 초월적 속성에서 배제되어야 한다고 주장한다. 에드워드 위렝가(Edward Wierenga 1989)는 신의 초월적 속성에 대한 일목요연한 개관을 제시하고 있다.

[51] 영어 원문은 다음과 같다. "It is not a question of determining whether we can fathom the cosmic plan, or prove that a cosmic planner exists, or manage to fulfill his purposive program. It is a question of knowing whether our mind is able to formulate these notions with any degree of clarity."

[52] 존 레모스(John Lemos 2017)는 신의 존재와 칸트의 윤리학 사이의 긴장을 전반적으로 검토하며 이와 유사한 결론을 이끌어낸다.

[53] 영어 원문은 다음과 같다. "Why would it make Sisyphus's life meaningful if he knew that the rocks he is rolling help to construct a monument for the glory of the gods? He knows that he is part of a plan, that his endless drudgery has a purpose, but neither the plan nor the purpose is his own. He is, in effect, enslaved by the gods. Having a part in monument building gives no more meaning to Sisyphus's life than having had a part in pyramid building gave to the slaves of the Egyptians."

[54] (이번 후주는 가능성/필연성의 본성을 연구하는 철학전공자들을 위한 것이다. 일반 독자들은 이 후주를 건너뛰어도 무방하다.) 신이 존재하는 세계와 신이 존재하지 않는 세계 중의 하나를 선택하는 상황에 대한 나의 서술에 오류가 있다는 비판이 있을 수 있다. 비판의 핵심은 유신론자에게 신은 필연적 존재이기에 모든 가능세계에서 존재하고, 따라서 신이 존재하지 않는 세계는 불가능하다는 관찰이다. 신이

존재하지 않는 세계가 불가능하다면, 신이 존재하는 세계와 신이 존재하지 않는 세계 중 하나를 선택하는 상황은 애초에 발생하지 않을 것이다. 이러한 근거에서 그러한 선택 상황을 상정한 나의 서술은 적어도 유신론자들에겐 난센스에 가깝다는 비판이 제기될 수 있다.

그러나 현대의 형이상학에서 널리 수용되고 있는 형이상학적 가능성/필연성(metaphysical possibility/necessity)과 인식적 가능성/필연성(epistemic possibility/necessity) 사이의 구분을 받아들일 때 나의 서술에 아무런 오류가 없다는 것을 쉽게 확인할 수 있다. 유신론자들이 신의 필연성을 통해서 의미하는 바는 신의 존재가 형이상학적으로 필연적이라는, 신의 부재가 형이상학적으로 불가능하다는, 신이 모든 가능세계에서 존재한다는 것이다. 한편 내가 고려하는 상황은 인식적인 선택의 상황인 만큼, 신의 존재와 부재가 각각 인식적으로 가능하기만 하면 충분하다. 여기서 명제 P가 인식적으로 가능하다는 것은 ~P가 인식적으로 필연적이지 않다는 것을 의미하고, 그것은 다시 이상적인 추론 능력을 가진 행위자가 현재의 증거로부터 ~P를 도출할 수 없다는 것을 의미한다.

내가 최선의 추론 능력을 활용하더라도 현재의 증거로부터 신의 존재를 도출할 수도 신의 부재를 도출할 수도 없다면, 신이 존재하는 인식적 가능성과 신이 존재하지 않는 인식적 가능성이 나에게 열려 있다고 말할 수 있다. 그리고 그러한 한에서 두 가능성 중 하나를 선택하는 상황을 상정하는 나의 서술은 유신론자의 입장과 충돌하지 않는다. 유신론자를 따라서 신의 형이상학적 필연성을 받아들인다 하더라도 그것이 나의 인식적 상황의 가능성, 즉 내가 최선의 추론 능력을 활용하더라도 현재의 증거로부터 신의 존재를 도출할 수도 신의 부재를 도출할 수도 없는 상황의 가능성을 배제하지 않는다는 것이다. 형이상학적 가능성/필연성과 인식적 가능성/필연성의 구분에 대해서는 문헌이 방대한데, 그에 대한 일목요연한 설명으로는 (David Chalmers 2011)와 (Boris Kment 2017)를 참고하라. 신이 존재하는 세계와 신이 존재하지 않는 세계 중의 하나를 선택하는 상황을 해석하는 대안적인 방안도 제안되었는데, 그에 대해서는 (Joshua Mugg 2016)를 참고하라.

[55] 기독교적 세계관을 옹호하는 현대 철학자 중 가장 영향력이 큰 앨빈 플랜팅가(Alvin Plantinga 2006, p. 496)가 적절히 지적하는 바와 같이 신이 인간사에 언제든 개입할 수 있다는 것은 기독교적 신학의 표준적인 입장이다.

[56] 나는 여기서 반대신론의 기본적인 아이디어만을 스케치하고 있을 뿐 그에 대한 엄밀한 논증을 전개하지는 않고 있다. 반대신론을 엄밀히 논증하는 것은 결코 만만한 작업이 아니다. 무엇보다 반대신론의 핵심 주장을 정확히 정식화하는 것부터 쉽지 않다. 나는 신이 존재하는 세계와 신이 존재하지 않는 세계 중에서 후자가 더 선호되어야 한다는 주장으로 반대신론을 형식화하였다. 그러나 신이 존재하는 세계들은 다양할 것이고, 그들 중에서 분명 신이 존재하지 않는 어떤 처참하고 끔찍한 세계보다 더 선호할 만한 세계가 있을 수 있다. 반대신론자가 신이 존재하지 않는 모

든 세계들은 예외없이 신이 존재하는 임의의 세계보다 언제나 더 선호되어야 한다는 주장을 하는 것이 아니라는 말이다. 클라스 크레이와 크리스 드래고스(Klaas J. Kraay & Chris Dragos 2013, p. 162)는 반대신론에 대하여 꽤 엄밀한 정식화를 제시하는데 그에 따르면 반대신론은 다음과 같은 논제이다. 현실 세계와 충분히 유사한 신적 세계(theistic world) W, 현실 세계와 충분히 유사한 자연주의적 세계(naturalistic world) W*가 있을 때, W에서 신의 존재가 유발하는 가치론적 해악으로 인해 W*는 W보다 더 선호할 만하다. 해당 부분 영어 원문은 다음과 같다. "For each theistic world which is sufficiently similar to the actual world in the relevant ways, all else equal, the "axiological downsides" of God's existence suffice to make that world far worse overall than it would otherwise be, on naturalism."

[57] 일부 학자들은 영어 단어 'anti-theism'으로 이 책에서 정의하는 바의 반대신론과 매우 다른 신학적 입장을 뜻하기도 한다. 가령 월러스 머프리(Wallace Murphree 1997, p. 75-76)는 'anti-theism'을 반신(anti-God)의 존재를 믿는 입장으로 정의하며, 반신을 전지전능하고 지극히 **악한** 필연적 존재(a necessary being who is omnipotent, omniscient, and wholly evil)로 규정한다. 크리스토퍼 뉴(Christopher New 1993, p. 36) 역시 머프리와 대동소이한 방식으로 'anti-theism'을 정의한다. 영어단어 'anti-thesim'에 대한 머프리나 뉴의 이런 정의는 반대신론에 대한 이 책의 정의와 완전히 상이하다는 것을 분명히 밝혀둔다.

[58] 히친스의 CBC 인터뷰는 다음의 웹사이트를 참고했다.
https://web.archive.org/web/20070516100646
http://www.cbc.ca/arts/books/nothing_sacred.html

[59] 19세기 국제 사회주의 노동자 운동의 노선투쟁에서 칼 마르크스(Karl Marx)의 대척점을 형성한 것으로 유명한 러시아의 아나키스트 운동가이자 철학자 미하일 바쿠닌(Mikhail Bakunin)은 그의 유고《신과 국가(God and the State)》에서 기독교에 대한 신랄한 비판을 제기한다. 바쿠닌(1970, p. 24-25)의 글을 일부 인용하면 다음과 같다.

> 〔기독교적 관점에서〕 신은 모든 것이고, 현실 세계와 인간은 아무것도 아닌 것이다. 〔그리고 기독교적 관점에서〕 신은 진리, 정의, 선, 아름다움, 힘, 생명인 반면 인간은 거짓, 무도, 사악, 추함, 무능, 죽음이다. 신은 주인이고 인간은 노예이다……신의 존재을 받아들이는 것은 인간의 이성과 정의를 포기하는 것에 다름 아니다. 나아가 그것은 돌이킬 수 없이 인간의 자유를 부정하는 것이다. 따라서 신의 존재를 받아들이는 것은 종국엔 인류가 노예가 된다는 것을 뜻한다……

이러한 반대신론적 논점을 제기한 이후 바쿠닌은 그의 핵심 논지로 나아가는데, 거기서 그는 그의 반대신론적 논점으로부터 귀류법적 논법을 활용하여 신이 존재하지 않는다는 무신론의 결론을 이끌어 낸다. 바쿠닌(*ibid.*)의 다음 문장은 그의 이러한 핵심 논지를 일목요연하게 정리한다. "만약 신이 존재한다면 인간은 노예일 뿐이다; 그러나 인간은 노예일 수도 없고 노예여서도 안 된다; 따라서 신은 존재하지 않는다". 여기서 바쿠닌은 인간이 신의 노예로 전락하는 것이 바람직하지 않다는 반대신론적 논점에 근거하여 신이 존재하지 않는다는 무신론의 결론을 이끌어 내고 있다.

그러나 이러한 바쿠닌의 논법에는 치명적 오류가 있다. 설혹 인간이 신의 노예로 전락하는 것이 결코 바람직하지 않고 절대 있어서는 안될 일이라는 바쿠닌의 반대신론적 신념이 옳다 하더라도, 그로부터 신이 존재하지 않는다는 무신론의 결론이 곧장 도출되지는 않기 때문이다. 인간이 신의 노예로 전락하는 것이 결코 바람직하지 않다는 바쿠닌의 가치판단이 신이 존재하지 않는다는, 따라서, 인간이 신의 노예가 아니라는 사실판단을 정당화하지는 못한다는 것이다. 세상에 우리가 결코 바람직하지 않다고 절대로 있어서는 안된다고 여기는 불의와 비극이 엄연히 존재한다는 사실은 그러한 정당화가 성립하지 않는다는 나의 주장을 뒷받침하기에 충분하다. 바쿠닌은 (가치판단과 관계되는) 반대신론과 (사실판단과 관계되는) 무신론이 상당히 다른 성격의 두 논제임을 정확히 인식하지 못하고 반대신론적 논점으로부터 무신론의 결론으로 성급히 나아가는 오류를 범했다. 반대신론과 무신론 각각의 성격을 분명히 이해하고 그 둘을 명확히 구분하는 것이 왜 중요한지 잘 보여준다.

[60] 카하네의 논문 이후 반대신론 논쟁을 다룬 문헌은 다음과 같다. (Kraay &Dragos 2013), (Davis 2014), (Penner 2015), (Lougheed 2017; 출간예정)

[61] 나는 이 아이디어를 해리 프랭크퍼트로부터 배웠다. 프랭크퍼트(Frankfurt 1988b, p. 178)는 그것을 다음과 같이 서술한다.

> "〔행위자가 어떤 선택의 상황에 놓여 있다고 할 때〕 그 행위자의 선호와 우선성 자체가 그가 선택할 항목에 포함된다면, 그의 선택을 안내할 선호와 우선성은 도대체 무엇이란 말인가? 일견 그는 의지적 본성을 결여하고, 그에 따라 그가 선택하는 어떤 것도 진정 그의 본성에서 비롯한 것으로 간주될 수 없는 것처럼 보인다. …… 그와 같은 인격체는 자신과 동일시될 수 있는 경향성과 제약을 결여하고 있고 따라서 그는 숙고하거나 양심적 결단을 내릴 수 없다. 어쩌면 그는 인격체의 선택과 유사한 어떤 것을 수행할 수 있을지도 모른다. …… 그러나 그의 의지의 움직임은 너무나 임의적이어서 아무런 자기진실적 중요성도 지니지 못한다."

프랭크퍼트에 대한 나의 번역은 그에게 미안한 마음이 들 정도로 원문의 명증함을 전달하지 못한다. 나의 서툰 번역문이 불만족스러운 독자들은 다음의 영어 원문을 참고하기 바란다.

> "What preferences and priorities are to guide him in choosing, when his own preferences and priorities are among the very things he must choose. It appears that he is left with so little volitional substance that no choice he makes can be regarded as originating in a nature that is genuinely his. … A person like that is so vacant of identifiable tendencies and constraints that he will be unable to deliberate or to make conscientious decisions. He may possibly remain capable of some hollow semblance of choice. … And movements of his will of that sort are inherently so arbitrary as to be wholly devoid of authentically personal significance."

[62] 인간의 의지적 본성, 그리고 의지적 본성과 자아의 관계에 대해서는 (최성호 2018; 2019)를 참고하라.

[63] 영어 번역은 다음과 같다. "A human being is only a reed, the weakest in nature, but he is a thinking reed. To crush him, the whole universe does not have to arm itself. A mist, a drop of water, is enough to kill him. But if the universe were to crush the reed, the man would be nobler than his killer, since he knows that he is dying, and that the universe has the advantage over him. The universe knows nothing about this." (Pascal 2008, pp. 72-73)

참고 문헌

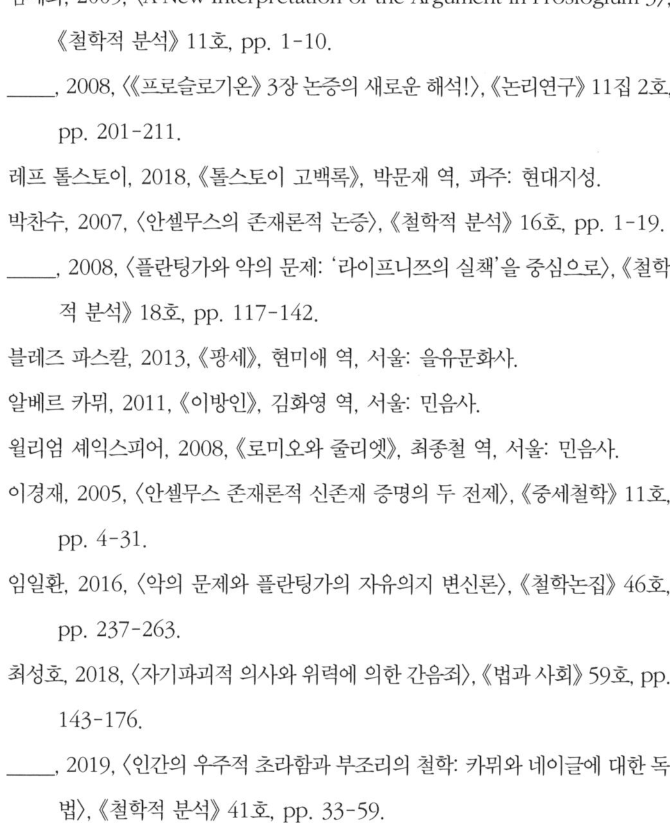

김세화, 2005, 〈A New Interpretation of the Argument in Proslogium 3〉, 《철학적 분석》 11호, pp. 1-10.

_____, 2008, 〈《프로슬로기온》 3장 논증의 새로운 해석!〉, 《논리연구》 11집 2호, pp. 201-211.

레프 톨스토이, 2018, 《톨스토이 고백록》, 박문재 역, 파주: 현대지성.

박찬수, 2007, 〈안셀무스의 존재론적 논증〉, 《철학적 분석》 16호, pp. 1-19.

_____, 2008, 〈플란팅가와 악의 문제: '라이프니쯔의 실책'을 중심으로〉, 《철학적 분석》 18호, pp. 117-142.

블레즈 파스칼, 2013, 《팡세》, 현미애 역, 서울: 을유문화사.

알베르 카뮈, 2011, 《이방인》, 김화영 역, 서울: 민음사.

윌리엄 셰익스피어, 2008, 《로미오와 줄리엣》, 최종철 역, 서울: 민음사.

이경재, 2005, 〈안셀무스 존재론적 신존재 증명의 두 전제〉, 《중세철학》 11호, pp. 4-31.

임일환, 2016, 〈악의 문제와 플란팅가의 자유의지 변신론〉, 《철학논집》 46호, pp. 237-263.

최성호, 2018, 〈자기파괴적 의사와 위력에 의한 간음죄〉, 《법과 사회》 59호, pp. 143-176.

_____, 2019, 〈인간의 우주적 초라함과 부조리의 철학: 카뮈와 네이글에 대한 독법〉, 《철학적 분석》 41호, pp. 33-59.

_____, 2019, 《피해자다움이란 무엇인가》, 서울: 필로소픽

최원배, 2007, 〈《프로슬로기온》 3장 논증의 새로운 해석?〉, 《논리연구》 10집 1호, pp. 99-107.

캔터베리의 안셀무스, 2002, 《모놀로기온 & 프로슬로기온》, 박승찬 역, 서울: 아카넷.

표도르 도스토옙스키, 2007, 《카라마조프 가의 형제들 3》, 김연경 역, 서울: 민음사.

플라톤, 2013, 《파이돈》, 전헌상 역, 서울: 이제이북스.

하종호, 2017, 〈악의 문제에 대한 회의적 유신론과 현상적 보수주의〉, 《철학연구》 119호, pp. 323-342.

Andrej, U., 2016, "The Concept of Self in Buddhism and Brahmanism: Some Remarks", *Asian Studies*, 4(1): 81-95.

Bakunin, M., 1970, *God and the State*, New York: Dover Publications, Inc.

Baillie, J., forthcoming, "The Recongnition of Nothingness", *Philosophical Studies*.

_____, 2013, "The Expectation of Nothingness", *Philosophical Studies*, 116: S185-S203.

Baier, K., 1957, "The Meaning of Life", reprinted in E. D. Klemke (ed.), *The Meaning of Life*, New York: Oxford University Press, 2000, pp. 101-132.

Beckett, S., 2006a, "Waiting for Godot", in his *The Complete Dramatic Works*, London: Faber and Faber, pp. 7-88.

_____, 2006b, "Endgame", in his *The Complete Dramatic Works*, London: Faber and Faber, pp. 89-134.

Bergson, H. L., 1911, *Laughter: An Essay on the Meaning of the Comic*, C. Brereton and F. Rothwell (trans.), London: Macmillan.

Blackburn, S., 2001, *Being Good: A Short Introduction to Ethics*, New York:

Oxford University Press.

Borch-Jacobsen, M., 1987, "The Laughter of Being", *MLN[Modern Language Notes]*, 102(4): 737-760.

Camus, A., 1975, *The Myth of Sisyphus*, J. O'Brien (trans.), New York: Penguin Books.

Chalmers, D., 2011, "The Nature of Epistemic Space", in A. Egan and B. Weatherson (eds.), *Epistemic Modality*, Oxford: Oxford University Press, pp. 60-106.

Conrad, J., 2002, *Chance: A Tale in Two Parts*, Oxford: Oxford University Press.

Cottingham, J., 2005, *The Spiritual Dimension: Religion, Philosophy and Human Value*, Cambridge: Cambridge University Press.

Craig, W., 1994, "The Absurdity of Life without God", reprinted in E. D. Klemke (ed.), *The Meaning of Life*, New York: Oxford University Press, 2000, pp. 40-56.

Davis, S. T., 2014, "On Preferring That God Not Exist (or That God Exist): A Dialogue, *Faith and Philosophy*, 31(2): 143-159.

Descartes, R., 2008, *Meditations on First Philosophy: With Selections from the Objections and Replies*, M. Moriarty (trans.), Oxford: Oxford University Press.

Fales, E., 2010, *Divine Intervention: Metaphysical and Epistemological Puzzles*, New York: Routledge.

Feinberg, J., 1994, *Freedom and Fulfillment: Philosophical Essays*, New Jersey: Princeton University Press.

Fink, C. K., 2012, "The 'Scent' of a Self: Buddhism and the First-Person Perspective", *Asian Philosophy*, 22(3): 289-306.

Frankfurt, H. G., 1988a, "The Importance of What We Care about", in his

The Importance of What We Care about, Cambridge: Cambridge University Press, pp. 80–94.

_____, 1988b, "Rationality and the Unthinkable", in his *The Importance of What We Care about*, Cambridge: Cambridge University Press, pp. 177-190.

_____, 1999, "On Caring", in his *Necessity, Volition, and Love*, Cambridge: Cambridge University Press, pp. 155–180.

Freud, S., 1916, *Introductory Lectures on Psycho-Analysis*, in J. Strachey (ed.), *The Standard Edition of the Complete Psychological Works of Sigmund Freud*, Vol. XVI, London: Hogarth Press, pp. 243-463.

_____, 1917, *A Difficulty in the Path of Psycho-Analysis*, in J. Strachey (ed.), *The Standard Edition*, Vol XVII, London: Hogarth Press, pp. 135-144.

Goldie, P., 2007, "Dramatic Irony, Narrative, and the External Perspective", *Royal Institute of Philosophy Supplements*, 60: 69-84.

Gordon, J., 1984, "Nagel or Camus on the Absurd?", *Philosophy and Phenomenological Research*, 45(1): 15-28.

Gowans, C. W., 2003, *Philosophy of the Buddha*, London: Routledge.

Hare, R. M., 1972, "Nothing Matters", in his *Applications of Moral Philosophy*, London: Macmillan, pp. 32-47.

Hill, D., 2005, *Divinity and Maximal Greatness*, London: Routledge.

Hume, D., 1978, *A Treatise of Human Nature*, L. A. Selby-Bigge and P. H. Nidditch (eds.), Oxford: Oxford University Press.

Joyce, R., 2001, *The Myth of Morality*, New York: Cambridge University Press.

Kahane, G., 2011, "Should We Want God To Exist?", *Philosophy and Phenomenological Research*, 82(3): 774-696.

____, 2017, "If Nothing Matters", *Noûs*, 51(2): 327-353.

Kant, I., 2007, *Critique of Judgment*, N. Walker (ed.), J. C. Meredith (trans.), New York: Oxford University Press.

Kekes, J., 2000, "The Meaning of Life", *Midwest Studies in Philosophy*, 24(1): 17-34.

Kierkegaard, S., 1944a, "The Unchangeableness of God", in his *For Self-examination and Judge for Yourself*, W. Lowrie and D. F. Swenson (trans.), Princeton: Princeton University Press, pp. 223-240.

____, 1944b, *Training in Christianity*, W. Lowrie (trans.), Princeton: Princeton University Press.

Kment, B., 2017, "Varieties of Modality", *The Stanford Encyclopedia of Philosophy* (Spring 2017 Edition), E. N. Zalta (ed.), URL=〈https://plato.stanford.edu/archives/spr2017/entries/modality-varieties/〉.

Koyre, A., 1957, *From the Closed World to the Infinite Universe*, Baltimore: Johns Hopkins University Press.

Kraay, K. J., and Dragos, C., 2013, "On Preferring God's Non-Existence", *Canadian Journal of Philosophy*, 43(2): 157-178.

Krueger, J. W., 2011, "The Who and the How of Experience", in M. Siderits, E. Thompson, and D. Zahavi (eds.), *Self, No-Self? Perspectives from Analytical, Phenomenological, and Indian Traditions*, Oxford: Oxford University Press, pp. 27－55.

Langton, R., 1992, "Duty and Desolation", *Philosophy*, 67(262): 481-505.

Lemos, J., 2017, "God's Existence and the Kantian Formula of Humanity", *Sophia*, 56(2): 265-278.

Lougheed, K., 2017, "Anti-Theism and the Objective Meaningful Life Argument", *Dialogue: Canadian Philosophical Review*, 56(2): 337－355.

_____, forthcoming, "On How (Not) to Argue for Preferring God's Non-Existence", *Dialogue: Canadian Philosophical Review*.

Lovett, F., 2018, "Republicanism", *The Stanford Encyclopedia of Philosophy* (Summer 2018 Edition), E. N. Zalta (ed.), URL = ⟨https://plato.stanford.edu/archives/sum2018/entries/republicanism/⟩.

Luper-Foy, S., 1992, "The Absurdity of Life", *Philosophy and Phenomenological Research*, 52: 85-101.

MacKenzie, M., 2008, "Self-Awareness without a Self: Buddhism and the Reflexivity of Awareness", *Asian Philosophy*, 18(3): 245-266.

Mackie, J. L., 1977, *Ethics: Inventing Right and Wrong*, Harmondsworth: Penguin.

Mawson, T. J., 2013, "Recent Work on the Meaning of Life and Philosophy of Religion", *Philosophy Compass*, 8(12): 1138-1146.

Metz, T., 2013, *Meaning in Life*, Oxford: Oxford University Press.

Metzinger, T., 2003, *Being No One*, Cambridge, MA.: MIT Press.

Morreall, J., 1983, *Taking Laughter Seriously*, Albany: State University of New York.

Mugg, J., 2016, "The Quietest Challenge to the Axiology of God: A Cognitive Approach to Counterpossibles", *Faith and Philosophy*, 33(4): 441-460.

Murphree, W., 1997, "Natural Theology: Theism or Antitheism", *Sophia*, 36(1): 75-83.

Nagel, T., 1971, "The Absurd", *The Journal of Philosophy*, 68: 716-727.

_____, 1986, *The View from Nowhere*, New York: Oxford University Press.

_____, 1997, *The Last Word*, Oxford: Oxford University Press.

_____, 2009, *Secular Philosophy and the Religious Temperament*, Oxford: Oxford University Press.

New, C., 1993. "Antitheism – A Reflection", *Ratio*, 6 (1): 36–43.

Nietzsche, F., 1968, *The Will to Power*, W. Kaufmann (trans.), New York: Random House.

_____, 1989, "On the Genealogy of Morals", in W. Kaufmann (ed.), *On the Genealogy of Morals and Ecce Homo*, W. Kaufmann and R. J. Hollingdale (trans.), New York: Vintage Books, pp. 1-198.

Nozick, R., 1981, *Philosophical Explanations*, Cambridge MA: Harvard University Press.

Parfit, D., 2006, "Normativity", in R. Shafer-Landau (ed.), *Oxford Studies in Metaethics* (Volume 1), Oxford: Oxford University Press, pp. 325-380.

Pascal, B., 2008, *Pensées and Other Writings,* H. Levi (trans.), New York: Oxford University Press.

Penner, M. A., 2015, "Personal Anti-theism and the Meaningful Life Argument", *Faith and Philosophy*, 32(3): 325-337.

Pettit, P., 1997, *Republicanism: A Theory of Freedom and Government*, Oxford: Oxford University Press.

Plantinga, A., 2006, "Divine Action in the World (Synopsis)", *Ratio*, 19(4): 495-504.

Pritchard, D., 2010, "Absurdity, Angst, and the Meaning of Life", *The Monist*, 93(1): 3-16.

Rahula, W., 1974, *What the Buddha Taught*, New York: Grove Press.

Rescher, N., 1990, *Human Interests: Reflections on Philosophical Anthropology*, Stanford: Stanford University Press.

Singer, I., 1996, *Meaning of Life: The Creation of Value* (Volume 1), Baltimore: John Hopkins University Press.

Smith, M., 2005, "Is That All There Is?", *Journal of Ethics*, 10: 75-106.

Sorabji, R., 2000, *Emotion and Peace of Mind: From Stoic Agitation to Christian Temptation*, Oxford: Oxford University Press.

Stoyles, B. J., 2012, "Philosophical Suicide", *Think*, 11(30): 73-84.

Taylor, R., 1999, "Does Life Have a Meaning?" in L. P. Pojman (ed.), *Life and Death: A Reader in Moral Problems* (2nd edition), Scarborough: Wadsworth Publishing Company, pp. 111–118.

_____, 2000, "The Meaning of Life", in his *Good and Evil*, Amherst , NY: Prometheus Books, pp. 319–334.

Tooley, M., 2019, "The Problem of Evil", *The Stanford Encyclopedia of Philosophy* (Spring 2019 Edition), E. N. Zalta (ed.), URL = 〈https://plato.stanford.edu/archives/spr2019/entries/evil/〉.

Wainwright, W., 2012, "Concepts of God", *The Stanford Encyclopedia of Philosophy* (Spring 2017 Edition), E. N. Zalta (ed.), URL = 〈https://plato.stanford.edu/archives/spr2017/entries/concepts-god/〉.

Weinert, F., 2009, *Copernicus, Darwin & Freud: Revolutions in the History and Philosophy of Science*, New York: Wiley Blackwell.

Wierenga, E. R., 1989, *The Nature of God: An Inquiry into Divine Attributes*, Ithaca: Cornell University Press.

Wittgenstein, L., 1969, *On Certainty*, New York: Harper Torchbooks.

Zahavi, D., 2014, *Self and Other: Exploring Subjectivity, Empathy, and Shame*, Oxford: Oxford University Press.

인간의 우주적 초라함과 삶의 부조리에 대하여

초판 1쇄 발행 | 2019년 12월 27일
초판 2쇄 발행 | 2022년 6월 1일

지은이 | 최성호
펴낸이 | 이은성
편 집 | 김지은
디자인 | 백지선
펴낸곳 | 필로소픽

주 소 | 서울시 종로구 창덕궁길 29-38, 4-5층
전 화 | (02) 883-9774
팩 스 | (02) 883-3496
이메일 | philosophik@hanmail.net
등록번호 | 제2021-000133호

ISBN 979-11-5783-168-5 93120

필로소픽은 푸른커뮤니케이션의 출판 브랜드입니다.